나의 선지식

엄마의 사계절

엄마의 사계절 | 나의 선지식

1판 1쇄 펴낸 날 2013년 7월 8일

지은이 도정 발행인 김재경 기획 김성우 편집디자인 최정근 마케팅 권태형 제작 보현P&P

펴낸곳 도서출판 비움과소통 서울시 영등포구 영등포동7가 29-126 포레비떼 705호 전화 (02)2632-8739
팩스 0505-115-2068 이메일 buddhapia5@daum.net 트위터 @kjk5555 페이스북 ID 김성우
홈페이지 http://blog.daum.net/kudoyukjung 출판등록 2010년 6월 18일 제318-2010-000092호

ⓒ 도정, 2013
ISBN : 978-89-97188-36-9 03220
정가 10,000원

나의 선지식

엄마의 사계절

비움과소통

내 수행 길의 선지식, 엄마는 관세음보살님!

선지식이란
부처님과 보살과 대승경전을 믿는 사람이오.
그들은 중생을 교화하여 열 가지 나쁜 업을 버리고
열 가지 선한 업을 쌓게 하기 때문이오.
또 선지식은 법대로 말하고 말대로 행동합니다.
〈열반경 고귀덕왕보살품〉

불교와 인연이 된 학창 시절에 우연히 뵙게 된 노스님의 표정과 조용한 음성에서부터 시작하여, 나는 뜻있는 인연들과 불교 모임을 갖게 되었고, 그로인해 금융계 재직시절에 불교 모임에서 발심을 내고 불심을 키워 왔던 것 같다.

여러 차례 제방에 다니면서 공부 지어 왔던 현재는 재가 수행녀로 재가수행 공간에서 수행중이다. 잡초 뽑아, 뽑은 자리에 무심을 심듯이… 금생에는 뽑는 연습이라도 하고 싶다.

이 글은 그동안 수행해온 시간들이 모두 나를 점검하기 위해 인연되어진 것이었으며, 특히 엄마는 곧 나에게 선지식이었음을 기록한 것이다.

이 글로써 내 자신이 헛되이 드러남이 없길 바라면서 현재 부모님 봉양문제로 인해 고민하는 분들을 위해 하나의 작은 씨앗 역할로 모델이 되고 싶다.

지나온 과거나 학력이나 모습이 중요하지 않으므로 드러내고 싶지는 않다. 그러한 배경으로 인해 나의 순수성이 덮어지므로 '도정'이란 법명으로만 남고 싶다. 현재 정진하는 경기도 양평에서 물 좋고 공기 좋은 곳에서 조용히 살아가고 싶다.

계절의 변화를 느끼고 그 변화 속에서 나를 보고 말이 소리가 되어버릴까 두렵고, 겉으로 보이는 상(相)으로 판단될까 두렵다. 나는 다만 순수한 엄마와의 추억을 느낄 뿐이다. 그러한 상황이 닥치면 누구나 할 수 있는 일이기에….

기도정진 중에 일어난 현상들은 굳이 쓰고 싶지 않았다. 나의 권속들에게 번거로운 망상이 될 수 있는 일이기에 금생엔 도정으로 살아가고 싶다. 공부인이 무슨 배경을 쓸 것이 있겠는가?

그냥— 지금 보는 것처럼 봐주면 좋을 것 같다.

불기 2557(2013)년 7월 2일(관음재일)

도정 두 손 모음

5

사회의 등불 되는 '효심·불심孝心佛心'의 사모곡

부모님의 크신 은덕 깊고도 중하여라

크신 사랑 잠시라도 끊일 사이 없으시니

앉으나 일어서나 그 마음이 따라가고

멀든지 가깝든지 크신 뜻은 함께 있네

어버이 나이 높아 일백 살이 되었어도

여든 된 아들 딸을 쉼 없이 걱정하네

이와 같은 크신 사랑 어느 때에 끊이실까

수명이나 다 하시면 그때에나 쉬실까.

　불교의 효경(孝經)인 <부모은중경(父母恩重經)>에 나오는 부모
님의 '끝까지 불쌍히 여기고 사랑해 주시는 은혜' 즉, '구경연민
은(究竟憐愍恩)'을 나타낸 게송입니다.

　이 책 <나의 선지식 엄마의 사계절>은 양평 정념선원 도정 원
장님의 불교 수행기이자, 구순의 노모를 입적하실 때(93세)까지
정성껏 모신 효행이야기를 담은 저서입니다.

　집집마다 노부모님을 모시는 문제로, 또는 고부(姑婦)간의 갈등으

로 사회문제가 되고 있는 요즘, 도정 원장님의 애뜻한 사모곡은 부모님에 대한 깊은 사랑을 일깨워 가족을 화목하게 하고 자식들이 효행(孝行)을 실천하게 하는 모범(模範) 사례가 아닐 수 없습니다.

특히 치매에 걸린 노모를 임종하시는 순간까지 큰 불평 없이 돌보며 겪은 마음고생과 회한, 어머님에 대한 애뜻한 사모곡(思母曲)은 우리네 눈시울을 적시게 합니다.

핵가족화로 인해 어른에 대한 공경심(恭敬心)이 바닥에 떨어지고 부모님에 대한 효심(孝心)마저 미약해지는 요즘 세태에, 도정 원장님의 효행은 우리 사회의 귀감(龜鑑)이 되기에 충분합니다. 그래서 저는 <나의 선지식 엄마의 사계절>을 '우리 시대의 효경이자 부모은중경'으로 권해드리고 싶습니다.

이 책을 통해 자신을 되돌아보며 참된 가족의 의미를 되살려 효도(孝道)를 실천한다면 우리 사회는 더욱 밝고 아름답게 변할 것입니다.

다시 한 번 이 땅의 모든 자녀(子女)들에게 이 책의 일독(一讀)을 권해드리며, 효(孝)의 실천으로 화목한 가정, 행복한 사회가 이뤄지길 기원합니다.

국회의원
정 병 국

7

'참 나'·'참 삶'을 찾는 마음공부의 길잡이

현대인의 생활은 복잡다단(複雜多端)하기 그지없습니다. 이에 따른 정신적, 육체적 피로도가 급증하고 있으며, 최근 힐링이 화두로 등장하고 대세로 떠오른 이유입니다. 우리 사회가 그만큼 아프다는 것이겠지요. 마음의 평안함을 찾고 상처를 치유하는 수행의 길, 진정한 힐링이 필요합니다.

이러한 때 도정님이 지은 책 <나의 선지식 엄마의 사계절>은 '참 나'(眞我)와 '참 삶'을 찾아가는 마음공부의 길잡이로서 그 역할이 크게 기대됩니다.

<나의 선지식 엄마의 사계절>의 저자인 도정님은 제 사촌 동생이기도 합니다만, 무엇보다 이 책을 주목하는 것은 도정님의 25년에 걸친 수행의 실천력과 아흔을 넘긴 엄마와 함께 한 3년의 동행시간 속에서 모든 일의 근본인 효를 실천한 생생한 기록이기 때문입니다.

도정님은 노모와 지내는 동안 모녀지간의 애잔한 정(情)의 표현과 때로는 수행의 스승(善知識)으로서, 또 삶의 동반자로서 상호 배려하고 교감하는 모습을 보여줍니다. 이는 오늘을 사는 이

들에게 부모 봉양의 참된 마음가짐은 어떠해야 하는지를 일러주고, 그 어려움을 극복해 나가는 데 있어 귀감이 될 것입니다. 특히 도정님은 '엄마로 인해 공부를 깊게 알게 해주고 발심(發心) 동기도 가져온 기회였다'고 적고 있습니다. 도정님의 아름답고 기특한 마음은 오랜 마음공부에서 나온 것이 아닌가 싶습니다.

　도정님이 쌓아온 수행의 길 25년, 아흔의 엄마를 향한 효 실천 수행의 3년은 심신이 지친 현대인들에게 참 수행의 길, 생활 속의 마음공부는 어떻게 해야 하는지에 대한 해답입니다. 수행 실천 여정의 진솔한 표현을 통해 마음의 고요와 자유를 찾는 길을 제시해주고 있습니다. 그것은 종교의 유무와 다름을 떠나 인간 내면의 생명력 회복을 확인하는 것으로 도정님의 역저에 감사를 드립니다.

국회의원
민병두

　앞으로도 흔들리지 않는 천년바위처럼 정념선원(正念禪院)의 수행 실천과 기도 성만 하시길 바랍니다.

엄마가 친견한 관세음보살님

부처님 법 만남이 인생의 전환기

어진 이는 갖고 싶어하는 집착에 물들지 않으며,
번뇌의 화살을 뽑고 부지런히 정진하여
이 세상도 저 세상도 바라지 않는다.
〈경집〉

부처님 법 만나기 전에 난 철이 없었고 욕심과 심통으로 보냈던 것 같다. 떼쓰면, 심통 부리면 다 되는 줄 알았던 시절이 있었다.

학창시절에 우연히 친구 따라 서울 종로에 있는 조계사에 간 적 있었다. 그때는 어린 마음에 그냥 그림이 많은 곳이라는 느낌이었다. 친구는 시험보기 전에 꼭 온다고 하여 난 그냥 지나쳤던 기억이 난다.

그다지 마음에 와 닿는 것이 없었고 나의 형제들은 기독교를 믿는 관계로 불교에 관해 묻지도 못했던 그 시절이 엊그제 같다.

난 서울 토박이여서 시골에 있는 절은 더더욱 먼 다른 나라 일이라 생각했던 시절이 있었다. 지금 돌아보면 부처님 법 만남이 나의 인생 전환기라 본다.

어느 날, 미팅으로 만난 친구와 함께 삼청동으로 데이트를 갔다. 칠보사 현판을 보고 무조건 들어갔던 것이 계기가 되어 완전히 나의 인생과 사상까지 변화시켜 버렸다.

그곳 법당에서 석주 큰스님을 뵙게 되었던 것이 나의 인생을 바꾸었고, 지금의 나를 있게 해준 인연이 되었다. 시간만 나면 칠보사에 가서 백팔배를 하였는데 마냥 좋기만 했던 것 같다.

그러던 어느 날 출가 권유를 받고 나름 고민이 컸었던 것 같다. 그러나 나의 본래 그 자리로 돌아오면 잊게 되던 단어 출가……!

친구의 배신과 관세음보살 백일기도

한량없는 백천만억 중생들이 여러 가지 괴로움을 당할 때
관세음보살의 이름을 듣고 한 마음으로 그 이름을 부르면
관세음보살은 곧 그 음성을 듣고 그들을 다 해탈케 하는 것이오.
〈법화경 관세음보살보문품〉

시간이 흘러 나는 사회에 진출하게 되었다. 그때 큰스님께서는 욕심 많은 나에게 좋은 말씀을 해주시곤 하셨다. 그렇지만 '출가' 라는 단어의 진정한 의미도 모르고 절에 가서 법당 불상과 그

림에 취해 있었다.

출가는 먼 이야기로 다른 사람들에게만 해당된다고 생각했었
다. 그러면서 나는 출세와 명예 그리고 돈이 따르는 금융계 쪽에
서 일하면서 누구한테도 지고 싶지 않았다.

그저 앞서가야 한다고 생각했다. 그래서 큰스님들께서 들려주
신 말씀은 뒤로 하고 앞으로 앞으로만 나갔다. 그러던 중에 10년
세월이 지나고 어느 순간, 내게 친구의 배신이 찾아왔다.

중학교 친구로 다정한 사이였던 그 아이 경혜(가명)가 나에게
엄청난 일을 안겨주고 일본으로 떠나갔다. 차용증서 몇 장 남겨
주고…

그때 울면서 찾아간 곳이 칠보사였다. 스님께서 전생의 빚이라
생각하고 관음기도 많이 하라고… 관음기도 많이 하면 내가 왜?
그렇게 되었는지 알 수 있다 하셨다.

그래서 정해놓고 "관세음보살님! 잘못했습니다!" 외치고 울고
하면서 백일기도를 마치고 그 끝이 풀리지 않으면 또 백일을 잡
고 그런 식으로 계속 이어졌다.

그러는 동안 조금씩 편해지는 나 자신을 보면서 부처님 말씀에
젖어들기 시작했다.

은행 근무 그리고 불교계와의 인연

어떤 일을 하기 전에는 기도로써 시작했다. 은행은 언제나 증강운동이 있다. 신용카드, 신탁수신고, 환전 등 여러 가지 증강운동으로 직원들은 버겁고 힘들어 했던 그때 난 기도하면서 섭외했다.

늘 최고로 많이 수신을 올렸던 나에게 오만함이 또 생겼다. 월급 받아 10% 떼어 스님 용채 드려야지 하면서 모아 두었던 봉투에 얼마만큼 모아지면 스님 뵈러가야지 했던 그 마음은 없어지고 사치와 허세부리기에 바빴다. 최고로 좋은 옷을 입고 싶어 했고 나만의 향수를 갖고 싶어 했던 그때는 지금의 내가 아니었다.

부족하고 나와 안 맞으면 무시하고 상대하지 않았던 그때의 과보가 찾아왔던 시간이 있었다.

18년 전에ㅡ.

은행을 그만두고 수중에 돈도 없고(사치와 허세의 결과) 부모 형제 보기 민망스러워서 보증금 없는 방을 얻어 독립을 했다.

그러면서 전공과 관계없이 불교와 관련된 일을 하게 되었다. 그곳에서 난 승가 속 부분을 알게 되었다.

좋은 점은 내 것으로 접수했다. 그러면서 난 비승비속(非僧非俗)으로 살아가리라 마음을 다졌다. 그러던 중 우연히 친구와 백양사에 가서 큰스님을 뵙고 좋은 말씀을 듣고 그 자리에서 출가를 접기로 했다.

머리가 길거나 삭발하는 것은 중요하지 않다면서 공부하는 사람은 밖과의 경계를 단속하는 힘이 있어야 한다고 하셨다. 그래서 난 "그래, 출가보다는 세속에 남아서 가교역할을 해보자" 결심했고, 승가제도에 사는 분들의 생활도 알게 되었다.

수행으로 기도 정진, 세속에서 마음 살핌

나는 세속생활에 익숙한 이 일상을 변화시키는 역할을 맡아서 해보자는 원력을 세웠다. 즉 세속인들의 지친 삶에 작은 빛을 안겨주고 싶다는 발원이었다.

그래서 나는 부와 명예를 접고 '수행으로 기도 정진, 세속에서 마음 살핌'을 가져보는 계기도 만들어 보았다. 보증금 없이 사는 처지에 대한 한탄스러움이 아니라, 옛날 선사를 떠올리면서 "천막법당이야!" 라는 긍정적인 생각으로 바꾸기 시작했다.

그럼에도 나에게 예외 없는 고통과 어려움에 봉착하는 시련이 있었고, 서울 생활은 또 세금과 남과의 견제가 있는 관계로 어려움이 촉발됨을 알고 스스로 체험했고 검소한 마음에서 복이 온다 했으니, 그간 사치한 마음으로 생기는 분노, 남과 비교하는 부러움, 질투, 허영의 마음은 갖지 않겠다고 다짐했다.

어른에 대한 공경심 갖기, 나와 다름 인정하기, 부드럽고 다정한 말로 상대를 편하게 해주기 등을 정해놓고 천막법당이라 여기면서 10년 기도 원력을 세웠다.

그리고 사회생활을 접고 은둔형으로 오로지 부처님법을 의지하여 원력만을 다짐하면서 생활하던 중 도반인 혜강심 보살이 보증금 빌려줄 테니 거처를 옮겨보라고 했다.

그것이 계기가 되어 남을 위해 내가 할 수 있는 것이 무엇일까? 힘들고 어려운 사람을 위해 내가 할 수 있는 일이 무엇일까? 라는 화두를 들게 되었다.

그래서 대원을 세워 보았다. 인생길에서 지표가 될 수 있는 천년바위가 되어 보기로…….

갈팡질팡하는 이웃을 위해 이정표가 되어 타박타박 갈 수 있는 지표로 살아가보자고… 들어주고, 다독다독 함께 해주고, 희망 주는 말로써 고통 속에서 위안이 되는 디딤돌로 삼을 수 있게 내가 어떤 역할을 해주자는 다짐을 했다.

3년결사 후 재가수행처 발원

곧은 마음이 도량입니다. 거짓이 없기 때문입니다.
믿음을 가지고 수행하는 것도 도량입니다. 사물을 판별하기 때문입니다.
공덕을 증가시키므로 마음 깊이 도를 구하는 것도 도량이며,
잘못에 떨어지거나 진리를 의심하는 일이 없으므로 보리심도 도량입니다.
〈유마경 보살품〉

그러던 중 지방에 있는 어른 스님 주석(住席)했던 곳에서 염불선에 대하여 말씀을 듣고 그곳에서 며칠 지내다 '금강심륜' 이란 글을 받아 왔다.

그 의미는 지금 내가 그렇게 지내고 있음이라.

도반한테 도움 받으며 제방선방 보살선원에 대

중처소 몇 철 안거 지내고, 보궁 다니면서 3·7일 기도를 해보면서 나에게 또 다른 내가 누구인지 끊임없이 묻고, 찾고 그래도 갈증이 나서 집안에서 3년 결사를 해보았다.

하루에 금강경 7편 독송으로 마음을 정리하고, 절로써 육신을 다잡고, 좌선으로 호흡을 관하고, 사경으로써 뜻을 새기며, 1000일을 하루하루 보내고, 마지막 백일을 남겨두고는 하루 삼천 배절 수행을 하였다.

설악산 봉정암에서 3일 철야기도, 오세암에서 3일 기도, 정암사에서 3일 기도를 끝내고 또 다짐해보았다.

눈이 내린 설악산이 통제되었는데 난 원력·다짐으로 눈 속을 헤매며 모든 것을 내려놓고 왔다.

그리고 또 원을 세워 보았다.

"내 기도로써 부처님, 무슨 신통과 가피와 영험이 있겠습니까?

그러나 부족하고 부족하지만 부처님 원력 빌어 어려운 사람들을 위해 또한 운수납자들의 충전할 수 있는 공간을 마련하여 나이 들면 나이 드는 대로 함께 할 수 있는 공간을 세워 재가수행처소 만들어 세세생생 보살도를 닦으오리다…"

요즈음 같이 가정이 훈훈하지 못한 세상에 부처님 법에 의지하여 함께 해온 보살님들을 위한 공간이 만들어진다면 멀어져간 자식들도 안부 궁금하여 찾아오는 도량으로 거듭날 수 있을 것이다.

그리고 다시 돌아오는 자녀를 위해 부모은중경을 권할 수도 있고, 부처님 말씀을 전할 수 있는 동기부여가 되므로 그 계기로 참사람이 될 수 있도록 할 수 있을 것이다.

부모의 소중함을 알게 해주고 싶은 마음에 다지고 다지며 새벽기도 3년을 마치고 나니 간판도 없고, 광고도 하지 않은 곳에 사람들이 오기 시작했다.

신기함도 있었지만 원하지 않는 사람까지도 모여서 꽤 많은 축원카드가 만들어졌다. 그리고 불교과외 공부한다고 생각하라고 하면서 불교명품으로 간직함이 큰 힘이 되어 기도에 매진 또 매진하게 되었다.

입시불공, 승진불공, 사업번창 등 입재 대상도 다양했다. 3년 기도를 마친 후에는 벌어진 보살대중들과의 하루하루가 실망과 좌절로 연속되었다. 말로써 망하는 것을 그때 알았다. 귀로 망하는 사람은 없어도, 입으로 망하는 사람은 있구나 하는 것을 사람 관계 속에서 알게 되었다.

입으로 망하는 사람들

악한 사람이 어진 사람을 해침은 허공을 향해 침을 뱉는 일과 같다.
침은 허공에 머물지 않고 자기 얼굴에 떨어지게 마련이다.
그리고 바람을 거슬러 티끌을 뿌리는 일과 같다.
티끌을 저쪽으로 가지 않고 도리어 자기 몸에 와 묻을 것이다.
어진 사람을 해칠 수는 없으며 화는 반드시 자신에게 되돌아온다.
〈사십이장경〉

본분(本分)을 잊지 않으려고 선방으로 도피하듯 떠났다. 현관 키는 소임자에게 맡기고 떠나 살림을 가져보고 새로움으로 원(願)을 다져 보곤 했다.

새벽예불과 사시와 오후기도, 저녁예불 밤 기도에 이어서 백일·천일기도로 회향하며 살아 왔는데, 몸에 중병을 안고 찾아온 사람 때문에 인연 있는 보살들이 되돌아 간 일도 있었다.

도반 중에 난소암 말기 판정을 받은 보살이 있었는데 수술하든 안하든 말기로 이제는 정상으로 살기 힘든다기에 "내가 힘이 되어줄 테니 항암치료로 누워 고통 받기보다는 절에 가서 산책하면 어떻겠냐"고 권했다.

6개월 밖에 못 산다고 했으니 백일기도라 여기고 절에서 지내보겠다고 하여 가야산 해인사 인근 암자에서 함께 백일기도를 하고 돌아와 보니 다른 보살들이 오해와 질투로 신행공동체는 모두 와해가 되어 있었다.

불자인 사람들이 개인 생각으로 각자 욕심·욕망·질투로 상실감에 놓여 있는 사람에게 배려심은 없었다. 환자에게 배려심마저 욕심으로 가려져 있었다.

그 계기로 나는 길 떠나기가 쉬워졌고 보궁이니 관음도량이니 선방이니 나름 수행에 본을 두고 승가에 계신 스님들처럼 단순하면서 본분에 충실하며 게으르지 않게 절 수행, 진언, 다라니 경전 독송, 사경, 좌선으로 기도 잡아 절하면서 몸과 마음을 다스리며 참회했다.

알게 모르게 지은 죄에 대해 참회로 눈물도 흘려보면서 기도복 바지 무릎이 해어져 가면서 진언(다라니)도 외우고, 지혜를 얻고 힘이 생기기를 바라면서 부처님 말씀 독송하면서 나도 부처님처럼 지내보고자 했다.

사경하면서 뜻을 새기며 자세도 바르게 되었으며 그 후엔 좌선으로 이어졌다.

'무(無)자' 화두와 용맹정진

내가 한결같이 말하는 법은 무엇인가.
그것은 곧 괴로움과 괴로움의 원인과
괴로움의 소멸과 괴로움을 소멸하는 길이다.
〈중아함 전유경〉

나에게 '무(無)자' 화두를 주신 스승이 계셨다. 법명은 밝히고 싶지 않다. 나는 부족하기에 그 분에게 누가 될까 조심스럽기 때문이다.

스승은 나를 바른 길로 인도해주셨다. 그 이전에 어려움을 겪고 있을 때 정신적으로 인도해주신 스님이 계셨던 것도 나에겐 큰 복이었다. 왜냐하면 옆길로 빠지지 않고 오로지 똑바로 가도록 도와주셨기 때문이다.

생각해보면 난 복이 많은 사람임은 분명하다. 대중처소 마지막 정리겸 21일 용맹정진 마무리로 대중처소에 가지 않았다. 문경 제방에서 보살선원 21일 용맹정진으로 그곳에서 여러 가지 경

힘을 해봄으로써, 또한 스스로 단단해진 계기가 되었다.

비승비속으로 살아가기란 현실 속에서는 참으로 어려움이 많이 따른다. 하지만 늘 부처님 고행을 떠올렸고, 지금 내가 가진 조건을 살피다 보면 명예도 내려놓는 나이요, 경제는 최소한의 유지로 검소하면 될 것이고, 할 수 있는 것은 정신 있을 때 힘을 키워 육신이 다할 때까지 숨 쉬는 것이다.

어떤 숨이냐? 헐떡헐떡 보다는 고요하게 쉬다보면 멈춤도 가능하니까… 고요하고 조용히 멈춰보는 것이라 생각한다.

그래서인지 하늘도 나무도 땅도 보임을 알게 되었다. 내가 누구였는데 라고 생각할 때는 하늘도 보이지 않았고, 나무의 변화도 보이지 않았다.

그리고 흙 기운도 못 느꼈던 나에게 수행이라는 불법과의 만남이 큰 변화를 준 것이다.

걸림을 디딤으로 삼아 즐겁게 맞이하니

모든 생존에는 걱정 근심이 따르는 것임을 알고,
무소의 뿔처럼 혼자서 가라.
소리에 놀라지 않는 사자와 같이,
그물에 걸리지 않는 바람과 같이,
무소의 뿔처럼 혼자서 가라.
〈경집〉

어느 날인가. 길에서 우연히 만난 보살님께서 내게 "죽을 고비 3번이 있겠다"면서 예언해주듯 말해주었다.

살펴보니 자비도량 참법으로 참회기도 할 때 오토바이 사고가

났었다. 21일 기도 중 회향을 3일 남겨두고 머리에 큰 충격을 받았던 사고였다.

그 순간에도 "감사합니다!" 하는 마음과 업장이 녹는 느낌이 들었다. 회향 후 병원에 가리라 마음먹고 남은 3일 기도 회향을 마쳤다. 헌데 신기하게도 다친 흔적이 없었다.

"부처님 감사합니다! 고맙습니다!" 외치고 한약으로 어혈 풀어지는 약을 먹었던 시간들이었다.

두 번째는 승가에 계신 분께서 이유 없이 힘들게 했던 기억이 난다. 그리고 돈(경제적)으로 생활고에 허덕이는 어려움이 발생된 것이 나에게는 세 번째의 큰 고비였던 것 같다.

경험해본 것과 안 해본 것의 차이는 '아~! 이것도 지나간다!' 걸림을 디딤으로 삼아 즐겁게 맞이하고 이것도 느끼고 경험하니 감사합니다.

그~~ 수없이 지나가는 과정 속에서 난 스스로 큰 복을 잘 지어가고 있다는 자만도 했고, 마음 살림살이가 넉넉해졌다고 도반들에게 힘이 되는 말을 전해주면서 '들어주기'가 부족했던 나에게 최고의 공부와 인연이 되었다.

10년의 원력을 세운 것이 바로 재가수행처소에 사부대중이 함께 충전되는 도량으로….

복덕을 갖춘 자만이 할 수 있는데 난 서원을 세워 왔던 것이다. 사람의 몸을 받았으니 복이 있고, 부모님 만났고 부처님 법을 만나서 원을 세웠고… 덕이 부족함을 알게 된 난 덕담을 하기 시작했고 어려운 가운데 덕을 쌓는 일에 노력했다. 어려울수록 덕을 쌓아 타박타박 바쁘지 않게 걷는 것을 연습하다보니 되었다.

습을 바꾸면 인생이 바뀌듯이…

경제적 어려움 속에 배운 보시바라밀

불도를 얻기 위해서는 먼저 여러 가지로 보시하여 복을 짓고,
좋은 벗을 사귀어 많이 배우며 겸손하여 남을 존경해야 합니다.
자기가 쌓은 공덕을 내세우거나 자랑해서는 안됩니다.
이와 같이 하면 뒷날에 반드시 불도를 이루게 될 것이오.
〈근본설일체유부비나야약사〉

도반들과 성지순례를 다녀오고 기도 하고 그렇게 3년을 보내던 나는 밖이 그다지 궁금하지 않게 되었다.

그런 과정 중에 물론 답답함, 울렁증, 짜증 등 도량 좁은 것을 알게 된 계기도 도반들의 언행에서 내 모습을 발견했던 것 같다.

그들의 모습이 내 모습이었다. 에구에구! 싫다! 헌데 나다!

여유 있을 때는 좋은 곳에 써보지 않았던 나의 지난 세월이 되돌아보니 허허 우습다. 여유 있을 때 사치 허영… 남에게 내세움이 많았던 나에게 불사인연도 없었던 것이다.

인연이 되질 않아 기와불사도 해본 적이 없었던 내가 경제적으로 어려움이 생기니까 불사인연이 생겼다. 지장후불탱화, 법상

등… 어려워서 못하는 것이 아님을 알게 된 계기가 되었다.

마음 내지 못하니 지갑 속에 현금이 나올 수 없었던 것이다. 그때 마음 낼 수 있게 해주셨던 죽림정사 스님께 두 손 모아 감사했다. 그 후로 도반들과 선방 대중공양을 늘 하게 되었다.

처음엔 아는 분 처소에 했었던 것 같다. 얼마 후부터는 인연되면 어느 분이 계신지 알 필요 없이 선원에 과일, 옷, 재보시 등….

'무재칠시無財七施' 행한 엄마를 모시다

담벽을 넘어 남의 물건을 훔치는 그 사람을 일러 도둑이라 하네.
그러나 은혜 입고 갚지 않는 자 그야말로 큰 도둑이라 하리.
〈근본설일체유부비나야파승사〉

    이렇게 하면서 기도 수행해왔던 나에게 무재칠시(無財七施)[1] 인연이 다가왔다. 일 년에 한번 뵐까 말까 했던 엄마가 여러 아들과 인연이 적은 관계로 나에게 인연 지어 오셨다. 연세가 많으신 엄마는 나에게 할머니처럼 느껴졌다.

    엄마와 함께 지낸 어린 시절이 있었다. 그 한번의 기회가 다시

---

1) 무재칠시(無財七施) : 재물이 아닌 마음으로 하는 일곱가지 보시.
  1. 화안시(和顏施) : 항상 얼굴이 화색을 띠는 보시.
  2. 언사시(言辭施) : 말에 사랑과 칭찬과 친절과 위로와 부드러움을 담는 보시.
  3. 심시(心施) : 따뜻한 마음으로 남을 대하는 보시.
  4. 안시(眼施) : 눈에 호의를 담는 보시.
  5. 지시(指施) : 물으면 친절히 이것 저것 잘 가르쳐 주는 보시.
  6. 상좌시(狀座施) : 앉은 자리를 남에게 양보하는 보시.
  7. 방사시(房舍施) : 가족이나 남에게 잠자리를 깨끗하게 해주는 보시.

내게 주어진 것이다. 그래 3년 기도라 생각하자! 그리고 지금까지 공부한 것을 점검할 수 있는 계기라 여기며 육근경계에 얼마나 속지 않을지 수행 중! 기도 중으로 정진했다.

다른 형제들은 시설을 권유하는 사람, 효자인 막내아들은 오로지 자신이 모셔야 한다고…. 난 17년 연락 없이 살아왔던 터라 형제들 앞에서는 발언권이 없었다.(엄마와는 연락하고 지냈다)

다른 형제들은 기독교인 관계로 사탄인 나를 좋아하지 않았다. 그래서 엄마를 모시는 문제에 대해서는 나의 의견이 무시되었던 것이다.

그러던 중에 부모은중경을 읽게 되었고, 법정스님의 <일기일회(一期一會)>란 책을 접하게 되었다.

그래서 동생에게 전화를 걸어 엄마 모실 기회를 내게 주길 원했다. 형들의 결정에 반대의견을 가진 동생은 무척 힘들었을 것이다. 가정에서까지 종교의 갈등에 믿음이 없는 동생은 엄마 뜻에 따라 움직였다.

지혜로운 엄마는 그냥 제게 오지 않으셨다. 아들네 집으로 일주일씩 머무시기로 결정 내리신 것이다. 참 지혜롭고 현명하신 결정이었다.

일주일씩 모신 형제들은 자유가 없고 매 식사 꺼리도 번거로움이 생겼던 것이다. 집사, 권사인 며느리들이 번거롭게 했던 짧은 일주일이 그들은 버거웠던 것이다. 매일 구역예배니 전도 행사에 바쁜 그들에게는 하루가 한 달이 된 기분이었음을….

  그것까지 기회를 주지 않았다면 엄마가 딸인 나에게 오시는 것은 쉬운 일이 아니었을 것이다. 늘 좋은 말씨로 남의 흉은 한 번도 본 적 없으신 엄마는 내내 시대 따라 사는 것이 늙은 사람이 편한 것이라고 하셨다.

  이 시대는 모시는 시대가 아니므로 내 며느리 흉이 아니란다. 감사하면서 살아가란다.

  남의 물건을 훔치지 않고, 거짓말 한 적 없고, 자식 때린 적 없고, 시부모 모시고 남편 공경과 친인척에게 늘 다정한 무재칠시(無財七施)를 알고 행하신 것이다.

  학생 때 어린 마음에 그렇게 살면 남에게 무시당한다고 했던 철없는 나에게 조선 여자의 12폭 치마는 남 허물 덮어주는 의미란다 하시면서….

  종교 없으신 엄마는 무재칠시 행하시고 팔정도(八正道)[2] 지키신 것이다. 지금 생각해보니 난 불교인으로, 종교인으로, 공부인

---

2) 팔정도(八正道) : 깨달음과 열반으로 이끄는 수행의 올바른 여덟 가지 길. 정견(正見), 정어(正語), 정업(正業), 정명(正命), 정념(正念), 정정(正定), 정사유(正思惟), 정정진(正精進). 팔성도(八聖道)를 이른다.

으로서 나름 기도수행하면서 지내온 시절이 조금 부끄럽다.

엄마에게 배운 인생공부

숟가락이 국맛을 모르듯이,
지혜로운 사람은 잠깐만이라도
어진 사람을 가까이 섬기면
곧 참된 진리를 바로 안다.
마치 혀가 국맛을 알 듯이.
〈법구경〉

늘 고민했던 종교관! 나의 수행생활에서 느낀 것은 나와 다름을 인정하자는 것이었다. 자비심, 너그러움, 배려 등 통합하여 나와 다름을 있는 그대로 수용하는 것! 그렇게 하다 보니 원한 가

질 필요도, 미움도 원망도 질투도 시기도 욕심도 보잘 것이 없다.

사랑하고 좋아했던 관계도 넘치지 말고 치우치지 말고 그냥 지켜보고 그냥 지나가니까. 놓아두면 그냥 지나감을 알았다.

늘 혼자 은둔생활, 독생활을 몇 년 지내고 보니 전생에 혼자 살기 원한 것이 아닌가 싶다. 산중에서 혼자 수행했던 것 같다. 그리고 원을 세웠나보다. 저 높은 곳에 정각을 세우리라….

알려준 사람 없어도 늘 고요함을 즐기고 적적함을 느끼며 살아온 나로선 누구와 함께이기보다는 홀로….

객진(客塵) 번뇌… 그렇게 지낸 나에게, 엄마와의 인연은 상상할 수 없는 부분이었다.

엄마와 난 모녀보다는 할머니와의 관계처럼 여겨졌고 내가 감히 한 세기를 보내신 분과 같이 지낼 수 있는 처지는 아니었다.

생각이나 생활 가치관 등 모두 다 차이가 있는 관계임을 느끼고 절약하면서 재료가 없어도 맛을 내는 정성이 내게는없었다.

그런데 엄마는 검소하시면서도 단정하여 단아하게 멋을 내신 분이다. 재료가 없어 음식을 못하는 것이 아니라, 없는 재료로 맛을 내는 정성스러운 손맛이 일품인 엄마였다.

그런 엄마와 함께 살지 않은 지 수십 년인데 한 공간에 함께 하기란 쉬운 일이 아니었다.

전화상 안부는 늘 다정한 딸이었는데 안 보니 궁금했던 모녀였는데, 함께 시작하면서 많은 변화가 생겼다.

너무 깔끔하고 단정한 분이라 혼자 지내실 때도 도우미아주머니가 해놓고 간 음식은 손을 대지 않으셨다.

아파트 노인정에 계시다가도 식사시간엔 집에 오셔서 당신이 손수하신 음식을 드신 분이셨다. 그러니 며느리들 입장에서는 까다로운 분이셨던 것이다.

그러나 수행하고 있는 나의 처소에서는 새벽부터 잘 때까지 나의 일과를 보시고 도반들이 다녀가면 "우리 딸 힘든 날이구나." 하시면서 노래를 불러주시며 웃음 짓게 만든 분이다.

"청년시대 좋지만은 두 번 오기 만무니 문명 정기 따라 학문이나 힘써볼까 치산범절에 힘써볼까, 두 가지 다하자니 힘드네요 ♪ ♪ ~."

듣고 있다 무슨 노래야? 물으면 옛날에 불렀던 건데 생각나네 하시면서 "우리 딸도 노래 불러 보시게" 하시면 성주풀이로 답가해드렸다.

"그래 우리 인생도 저 무덤 속에 있는 것처럼 영웅도 없고 부자도 없고 권력, 미인도 없는 것이기에 한번 뿐인 인생을 잘 살아야 한다" 시며 "지금처럼 사시게!" 하신 분이다.

엄마를 불교로 인도한 고승열전 24권

죽기 전에 애착을 떠나 과거에 얽매이지 않고,
현재에 대해서도 이것저것 생각하지 않는다면,
그는 미래에 대해서도 별로 걱정할 것이 없다.
그런 성인은 화내거나 두려워 떨지 않고 우쭐거리지 않으며,
후회 하지 않고 주문을 외거나 허둥거리지 않으며 말을 삼간다.
〈경집〉

종교관이 없으신 분께 부처님 말씀 전하기는 쉽지 않았다. 유교에 뿌리를 두시고 자식들 때문에 기독교사상이 있으셨던 분인데, 근기가 있으셨던 분이라 나와의 소통은 언제나 OK! 였다.

햇살 좋은 시간 때에 꽃이 만개한 베란다 차 탁자 위에 고승열전 24권을 접하게 해드렸던 어느 날, 불교가 대단하다고 하시면서 스님들의 생활상을 책속에서 느끼시면서 24권 짜리 고승열전을 여러 번 완독 하셨다.

난 읽고 싶은 것만 읽었는데 엄마는 1권부터 24권을 쉬지 않고 돌려보고 하루를 보내시면서 너무 재미있어 하셨다.

"또 읽게 주렴."

엄마는 주무시기 전까지 옆으로 누워서라도 주야독서를 하셨다.

그러더니 부처님 말씀은 어떤 것이 있느냐고 하시기에 조금 놀랐다. 표현 표현이 수십 년 절에 다닌 불자들보다, 부처님 말씀 전하는 나보다 더 빠른 흡수력이 있어서일 테고, 아마도 낙천적인 면도 도움이 되었을 것 같다.

그리고 긍정적인 마인드가 고승 일대기에 나오는 부처님 말씀까지 무엇인가 궁금하게 하신 모양이다. 그래서 드린 책이 금강경이었다.

수보리가 되어 금강경을 공부하다

보살은 또 무엇에 집착하여 보시해서는 안 된다.
즉 형상에 집착함이 없이 보시해야 하며,
소리, 냄새, 맛, 감촉, 생각의 대상에 집착함이 없이 보시해야 한다.
보살은 이와 같이 보시하되 아무런 생각의 자취도 없이 해야 한다.
왜냐 하면, 보살이 어디에도 집착함이 없이 보시하면
그 공덕은 생각으로 헤아릴 수 없는 것이기 때문이다.
〈금강경〉

엄마는 몇 달간 금강경을 수시로 읽으시고 감탄도 하시고 이것이 부처님이 해놓은 것이냐고 묻기도 하셨다. 난 기도 점검이든 공부 점검이든 어른 스님 찾아뵙고 법문을 들어야 했던 나의 그릇보다 엄마가 독송한 후 던진 말씀들이 "어머! 어떻게 알았어? 엄마", 하시면 "한문에 의미가 있으니 알지" 그러시면서, "수보리제자 우리 위해 질문이 많구나!" 하셨다.

엄마는 부처님 법을 처음 접하고 계셨는데… 어느 분에게도 들어본 적이 없었을 텐데… 이것이 근기인가? 함께 밥 먹으면서 난 "감사, 감사합니다!" 외치곤 했었다.

엄마가 오셨기에 세 끼 밥을 차려먹고 건강 체크 할 수 있는 동기도 되었다. 혼자 지내다보니 끼니 챙기기가 번거로워 그냥 넘길 때가 많았다. 엄마와 함께 하면서 세 끼 먹고 부처님 이야기할 수 있으니 좋았다. 더 부지런해진 것이다.

엄마는 유난히 깨끗하신 분이었다. 매 식사때마다 앞치마 두루시면서 식사를 하셨다. 그런 엄마와 함께여서 일까?

부처님 말씀을 거량하듯 주거니 받거니 했다.

엄마의 장염과 기도정진

참 지혜는 생로병사의 바다를 건너는 튼튼한 배이고,
무명 속의 밝은 등불이며, 모든 병든 자의 좋은 약이고,
번뇌의 나무를 찍는 날이 선 도끼이다.
〈유교경〉

봄에 오셔서 여름 잘 지내시고 가을 추석 명절에 자식 집에 다녀오신 엄마. 스트레스 장염을 얻어 오셔서 한 달을 음식도 못 넘기시고 설사는 멈추지 않는 몸이 되어 오셨다. 주변에서는 끼니 못 넘기니 가실 때가 되었다고들 하셨다.

눈도 못 뜨시고 설사만 계속 하셨다. 나는 부처님 전에 기도해왔던 것처럼 기원했다.

"시방삼세 부처님! 저의 모친 민경식

불자가 누워 계신 지 한 달이 되어갑니다.

부처님 제자 두 손 모아 원하오니 지금까지 부처님 의지하면서 살아온 저에게 엄마 통해 공부 점검 할 수 있도록 기회를 주세요.

3년 수행 삼는 저에게 지금은 때가 아닙니다. 저에게 육근의 경계, 본분을 잃어버리는 경계를 알 수 있도록 기회주세요."

이렇게 몇 날을 잠 안자고 기도한 결과 드디어 엄마는 깨어나셨다. 친분 있는 한의원 원장님의 약 한 첩에 설사가 멈춘 것이다. 지금도 김승학 원장님께 감사하고 있다. 늘 나의 건강을 체크해주신 분이다. 그 분께 침을 맞으면 아팠던 곳이 언제 그랬느냐 할 정도였다. 가정의학 의원 원장이 왕진 왔을 때 가망 없다고 했었는데… 김승학한의원 원장님께서는 엄마의 은인인 셈이다. 감사, 감사!

엄마의 덕담

그러고 보니 엄마 70세 때 직장암 말기였는데 수술도 안 하시고 저와 인연 지어 한 달 지냈던 일이 있다. 그때도 다른 형제의 반대가 심했다. 지금 생각해보면 나의 형제들은 의무행사보다는 권리행사가 능한 것 같다. 내가 하는 것은 무조건 싫어했던 것 같다. 기독교사상이 뭘까? 오로지 믿으면 장땡?! ^^;

설사를 멈춘 엄마는 이웃집 아주머니와 노래 대결도 하시면서 잘 지내셨다. 엄마가 나의 거처로 옮긴 이후에 형제들 얼굴을 보지 못하고 살았다. 형제들이 나의 종교를 인정하지 못하는 것이다.

1년이 지난 어느 날, 엄마 보러 오신다 해서 집에 왔는데 커피도 안 마시고 30분도 머무르지 않았다. 그러면서 염장 지르는 말,

"고모는 모시는 것이 아니다, 돈 받고 있잖아!" 오랜만(17년)에 본 올케 입에서 나온 말이었다.

그 말을 들은 동시에 "언니! 저는 수행으로 기도하는 중이지 모신다는 개념이 아닙니다." 돈 준다고 생각마시고 혼자 사는 여동생 전기요금 내준다 생각하신다면 편하실 겁니다.

"그리고 귀 때문에 망하는 사람 없고, 입 때문에 망하는 사람 많더군요. 말을 하고 소리 내지 마세요!"

어색한 분위기속에서 엄마의 덕담이 미소 짓게 하셨다.

"앞으로 오지 마라. 기도 중인데 방해하면 되겠니? 니들은 교회 가서 열심히 하고 여기는 여기대로… 죽은 다음에 보자." 라고 하셨다.

늘 대승경전을 독송하시다

부지런히 정진한다면 어려운 일이 없을 것이다.
그러므로 너희들은 부지런히 정진해야 한다.
이를테면, 낙수가 돌을 뚫는 것과 같다.
〈유교경〉

어디나 화합이 깨지면 좋은 일이 없듯 엄마는 오로지 내가 기도 성만(盛滿) 하기만 바라시는 분 같았다. 늘 그렇게 힘이 되어 주신 엄마! 2년간에 금강경, 법화경, 아미타경, 49일 여행, 지장본원경, 하루도 안 보신 적 없으신 엄마!

식사와 주무시는 시간 외에 손에는 경전을… 대단한 분 민경식 여사!

어린 시절부터 부유하게 지내서일까? 늘 당당하시고 전쟁도 전설의 고향처럼 들려주시곤 했다. 외정 때 이야기도 역시 구수한 숭늉처럼 듣고 나면 "무엇 때문에~" 식의 부정적인 생각이나 말 없이 그 덕분에 좋았던 긍정적인 생각으로 이야기를 마무리

지어 주셨다.

난 "~때문에" 식이 강했는데 엄마는 "~덕분에"….

"우리 딸 덕분에 내가 편하게 잘 지내고 있구나!"

"대단한 우리 딸 고맙다!"

늘 하루하루 평범하게 지냈다. 책 보고 엄마와 공기놀이 하고 노래 부르고·.

연세가 92세 되신 분인데 초기 치매와 혈압 등으로 약을 복용하셨지만 나의 거처로 오신 후로는 화학성분 약을 모두 버리고 놀아주고, 들어주고, 드실 수 있게 음식 해드리고, 목욕 자주 시켜드리고 스킨쉽을 자주 해드렸다.

혈압이 정상이고 치매는 관심이 없거나 짜증 내면 의기소침한 돌발상황이 일어남을 알고 관심이 절대적인 것임을 알았다.

엄마는 나의 큰 선지식

첫째, 모든 중생에게 평등한 마음을 가질 것.
둘째, 중생들을 부처님의 지혜로 이끌 것.
셋째, 중생들에게 평등하게 교법을 말할 것.
넷째, 중생들에게 평등하게 바른 행동을 실천할 것.
이 네 가지가 보살의 길이다.
〈보적경 가엽품〉

자유롭게 여행 다녔던 난 엄마와 함께 하면서 3년을 엄마와 지냈다. 주변에서는 놀라는 사람이 있었다. 못 모시는 줄 알았다, 하다 말 줄 알았다는 등. 정해진 기간에 기도수행은 나와의 약속인 만큼 회향 때까지 투가투가….

그래야 비로소 내 살림을 알게 되므로… 그래서 엄마는 나에게 큰 스승이요 선지식이었다.

자유 반납과 동시에 그간 분주한 밖의 경계에서 쉬라는 의미로 받아 들였고, 밖의 세상이 궁금하지 않게 만들어준 동기부여로 삼았으며, 육신이 힘들면 어떤 것이 발생될까 하는 마음의 준비도 하게 만드는 소중한 시간이었다.

어느 날 엄마는 오전마다 오는 성형외과 부인을 보시더니 "우리 딸이 힘들게 지내왔구나. 부처님 모시고 저런 사람들과…."

아침마다 와서 108배하고 차 접대로 시간 보내는 나에게 늘 안쓰러워 하셨던 엄마! 그러던 중에 막내 효자 아들에게 시골에서 꽃구경하고 흙을 밟고 싶다고 하셨다. 나의 생각을 들여다본 것처럼….

양평에 수행처를 마련하다

어떤 사람이, 무엇이 모든 선행의 근본이냐고 묻거든
자비심이라고 대답하여라.
자비심은 진실해서 헛되지 않고
선한 일은 진실한 생각에서 일어난다.
진실한 생각은 곧 자비심이며, 자비심은 곧 여래다.
〈열반경 범행품〉

서울 평창동에서 10년 기도 회향하면 500 고지로 이사해서 인
연 있는 분들과 노후에 정진하면서 살고 싶은 것이 원이었는데,
엄마가 원하니 효자인 아들이 "그렇게 하시죠." 해서 강원도 평
창, 경기도 양평, 여주, 수개월 다닌 결과 지금 이곳 양평 강상면
세월리 581-15호에 머물게 되었다.

많이 보고 좋은 곳도 많았는데 연류으로 보신 터!

"이곳에서 장사(葬事) 치루어 주면 좋겠구나!"

앞에 양자산 봉우리가 보이고 언덕 중간에 자리 잡은 집이다.
평지에서 걸어오기란 높아 보이고 눈 올 때는 어쩌지 하는 분들
도 있었다.

그런 나와 엄마는 "조용하니 기도 잘 되겠다. 차 소리 없으니 공기도 좋고, 축사가 없으니 냄새도 없고…" 등. 대중교통수단으로(빠른 걸음으로 버스정류장 10분 소요) 운전해가면서 밖에 나가는 걸 원하지 않으니 불편한 것은 찾지 못했다.

엄마는 막내 효자 아들에게 "내가 살면 얼마나 살겠니. 나 그곳에서 나중에 장사 치루어 주렴…."

재고, 생각하고 할 것 없이 그날 결정했고 리모델링 4개월 거쳐 옛 살던 사람 취향 남기지 않고 큰 공사를 했다. 내 취향에 맞게….

나무도 탈바꿈했더니 다른 집이 되어 버렸다. 2층은 부처님 모신 곳이다. 문짝 하나하나 신경 쓰고 아래층은 공양하는 곳으로 신경 쓰고, 보강하면서 문살도….

부모님은 살아있는 조상

사람으로 태어났으면 부모에게 효도해야 한다.
부모를 잘 받들어 아쉬움이 없게 하고,
할 일이 있으면 먼저 부모에게 알리며,
부모가 하시는 일에 순종하여 거스르지 않고
부모의 당부를 어기지 않으며,
부모가 경영하는 바른 사업을 잘 계승하는 것이다.
자식이 부모를 받들어 효도로 섬기면
부모는 편안하여 아무 걱정이 없을 것이다.
〈옥야여경〉

지금은 주변 땅 확보하여 요사채 지을 원(願)을 세웠다. 그래야 도반과 노후에 정진하면서 지낼 수 있게 복지시설과 요양병원까지 가지 않도록 하고 싶다.

나의 엄마도 3개월 요양시설 경험한 결과 그때는 '자식이 버렸다'고 생각하셨기 때문이다.

살아있는 조상이 부모인데 죽은 조상 천도한들 발복(發福)이 될까 싶다. 살아계실 때 원하는 것을 해드리는 것이 발복이 빠른 것이다.

어느 부모나 낯 설은 곳에서 모르는 사람 앞에서 마감하고 싶지 않을 것이다.

못 먹고 죽는 사람은 없다. 특히 시설이나 양로원에서 굶어 죽음을 맞이하는 이는 없을 것이다. 그러나 "우린 안 먹었어! 먹을 것을 주지 않아!" 노망 든 노인들이 하는 말로 치부해 버린다. 그러나 자식 앞에서는 "오늘은 뭐가 먹고 싶은데…" 라는 소통을 할 수 있어 굶었다는 생각을 안 한다.

허나 노인입장에서 된장국이 먹고 싶은데 미역국 나오면 그날은 그 분은 굶은 것이다. 왜? 미역국 먹었기 때문에….

먹고 싶은데 안 먹은 것만 생각나기 때문에 배고파서 죽음을 맞이하게 되는 것이다. 엄마의 경우도 동치미 말씀하셨는데 물김치(나박)….

엄마 기억에는 동치미 먹어보지 못했기 때문에 못 먹었다는 말을 하는 것 같다. 그럼 우린 "치매인가 봐…" 라고 치부하게 된다. 그것이 간단하고 안 해준 것 없다고 생각하게 되니까 스스로 편한 쪽을 선택하게 되는 것이다.

스스로 위로 받곤 한다. 지금 돌아보면 결국 육신이 귀찮은 것을 안 하고 싶은 것이다. 내 위주로 하는 것이 우리는 편하기에 상대방에 대한 배려는 안 하게 된다. 특히 노인문제는 더 하다. 엄마도 늘 버려졌다는 생각을 하시고, 그 말씀을 많이 상기시키며 듣고 있는 딸인 나에게도 "너도 귀찮으면 버려." 하며 억지를 쓰기도 하셨다.

막상 외출하자고 하면 엄마는 기운 없다고 누워버리셨다. 아마도 외출해서 당신을 버리진 않을까 하는 두려움이 있으셨나 보다.

아~ 엄마!

할아버지의 음덕(蔭德)

93세 된 엄마는 딸인 나에게 무척 미안해 하셨다. 정신력은 대단한 분이셨기에 부처님 법을 만나신 것이다. 엄마와 함께 하면서 나의 할아버지께서 왜정 때 불심(佛心)이 좋으셨다는 이야기를 들었다.

"초하루 전날에는 비린 생선, 고기, 술을 삼가시고 봉원사(신촌)에 시주를 많이 하셨단다. 3일씩 계시다 오시고 손주들 위해 불을 밝히셨었지…."

할아버지는 유독 나에 대한 애정이 많으셨단다. 내가 태어나던 때에도 8월 초하루 보시고 오셨는데… 7일에 태어난 나에게 유난히 관심이 많으셨단다.

금줄 매어 대문에 걸어 주시고 며칠 후 돌아가셨단다. 그리고 화장을 원하셨단다. 종친 묘에 안치하지 말고 화장하라고… 그래서 할머니 아버지 모두 화장하셨다.

여러 형제 중에서 유독 나에게 그렇게 하셨단다. 돌잔치도 그렇고….

엄마는 늘 그렇게 말씀하셨다 할아버지 공덕으로 네가 불심이 깊고 다른 자식과 다르다고…. 자식들과 유교식 제사를 지냈던 엄마는 아쉬워하신 것이 조상 제사였다.

아들네가 모두 기독교 며느리들이라… 그래서 봉원사에 가서 엄마 복위로 조상 천도재를 지냈다. 그러시고는 나에게 "49재 해 줄 거지?"라고 자주 확인 하셨다.

"엄마, 염려하지 마세요! 3년 상 치러 드릴게요."

매일 육근경계에 속다

여자는 무엇보다 단정해야 하오.
단정하다는 것은 얼굴이나 몸매나 의복 등
겉모양만을 가리키는 것이 아니라,
그릇된 태도를 버리고 마음을 한결같이
공손하게 가지는 일이오.
〈옥야여경〉

93세 여름(8월 5일) 아침에 허리가 아프시다고 못 일어나셨다. 그전에도 뒤처리관계로 늘 미안해 하셨던 엄마는 혼자 기저귀 갈기도 어려워졌다.

비로소 난 육근경계에 매일매일 속으며 지냈다. 엄마가 나를 품어 키웠다면 누워 똥 싸는 그 분 속으로 다시 들어가 엄마가 되어야 했는데….

기저귀 만지지 말라고 해도 만지므로 큰 번거로움으로 반복되었다. 그런 와중에도 엄마는 "고맙다! 미안하다! 내가 지금은 도움 줄 수 없지만 죽어서 도와줄게! 부처님께서 나에게 어떤 상을 줄까? 아니면 벌을 줄까?" 누워 계시면서 늘 그 생각과 딸에 대한 기도로 지냈다.

이곳(양평 정념선원)으로 이사 와서 부처님 이운식과 신중탱화 점안식을 했었다. 그때 엄마는 누워있지 않으셨는데 기저귀 찬 늙은이가 부처님 앞에 있으면 예의에 맞지 않는다고 한사코 법당이 아닌 거실에서 소리만 들으셨다.

스님 7분 모시고 장엄하게 했다. 국악 하는 도반 자녀들이 소리 내어 풍악을 울려주면서 동네 어르신들과 함께 한 엄마는 "우리 딸 대단해. 대단해. 극성 극성 내가 낳았지만 극성이야!" 하셨다.

법회를 마치고 난 후에 엄마는 내게 "부처님도 제자리 앉으셨으니 많은 사람들 위해 도움 주면서 살아라! 불쌍한 사람들이 앞으로 많아지는데 우리 딸이 그들 위해 기도하고 도움주면서 살기 바란다"고 하셨다.

"힘든 일이긴 하지만 우리 대단한 딸! 그렇게 될 수 있게 기도하마! 죽어서 도와줄게! 지금 누워 지내는 내가 뭘 할 수 있겠니…" 하시면서 아미타불을 열심히 염하셨다.

도반들을 사랑한 엄마

가까이해야 할 벗이 있다.
그는 너에게 많은 이익을 주고
많은 사람들을 보살펴 준다.
잘못을 말리고 사랑하고 가엾이 여기며,
남을 이롭게 하고 사업을 같이 하는 벗이다.
〈육방예경〉

"나무 아미타불 관세음보살…!"

엄마는 누워 계시면서도 도반들이 오면 지난 날 살아오신 이야기를 들려주면서 "남편한테 잘해라!" 방긋 웃으면서 "얼마나 수고 많으셨어요." 반갑게 맞이하라고 "아이들에게 소리 지르지 말고 다정하게 하면 바보가 아닌 이상은 알아듣고 잘한다고 하셨다. 해가 기울어지면 "어서들 가시게! 늦게 다니면 안 된다"고… "특히 여자는 해 있는 시간에 볼일 보고 해지면 집에서 맛있는 음식 해놓고 여자는 꽃으로 보여야 한다"고 하셨다.

그러면 도반들은 "감사합니다. 예~그렇게 하겠습니다." 그런 대화와 웃음 그리고 노래로 이어졌다.

61

"부드럽게 생긴 보살은 왜 안 오니?" 하루가 지나면 다시 찾기도 하셨다. 자식보다 더 많이 보아왔던 도반들이기에, 혜명심 보살을 무척 찾았다. 부드럽게 생겼다고… 마음도 좋아 보인다고… 늙은이 만져주니 좋다고… 늘 반가움으로….

안성 보살은 맛있는 고기 사준 것이 좋아 늘 보고 싶어 했다. "혜강심은 내 며느리 삼고 싶은데 고관대작이 아니라 싫겠지? 우리 막내아들은 고관대작은 아니지만 마음 착하고 큰 기업에서 인정받고 있으니…" 인연 맺어주길 바랬던 엄마였다. 자식들보다 더 많이 찾아와준 도반들이기에 엄마는 그들을 위해 덕담을 많이 해주셨다. 아마도 깊은 인연일 것이다.

관세음보살님을 친견하다

이 마음을 놓아 버리면
모든 착한 일을 잊어버리게 되지만
그것을 한곳에 모아 두면
이루지 못할 일이 없을 것이다.
그러므로 비구들은 부지런히 정진하여
자기 마음을 항복받아야 한다.
〈유교경〉

누워 계시면서 액자에 모셔진 관세음보살님을 보시고는 "똑같이 생긴 아줌마가 옆에 와 있다." 라고 하시던 어느 날은 "저 아줌마가 아이(남순동자) 둘을 데리고 왔는데 두 아이들이 금 옷을 입고 있다. 아줌마가 찾아와준 건 좋은데 옆에 계신다. 그리고 연꽃에 누워있다"라고 하시면서 내 손을 잡고 "예쁜 딸 귀여운 내 딸, 저승 가면 만져보지 못하는데 갈 때 무섭지 않을까? 극락 갔다 왔나?"고 묻기도 한 여러 날이었다.

엄마는 아쉬움에 내 손을 잡으셨던 것이다. 아미타불을 부르시고 음식을 넘기지 못한 지 한 달가량 되었을까 도반들이 오는 날이어서 모여 있다가 엄마 방을 여는 순간 모두들 놀랐다. 핏덩어리가 요바닥뿐 아니라 침대에도….

아~ 엄마는 본분(本分)을 다하시고 계시는구나. 놀라셨는지 왜 몸에서 이렇게 많은 피가 나오느냐고 하셨다. "엄마, 걱정하지 마세요. 나쁜 것이 빠져나오니 금방 일어나실 겁니다." 목욕시키는 모습을 보고 도반들은 눈물을 흘리며 대단한 사람으로 나를 봐주었다.

노모를 모시는 나로 인해 용기를 가진 도반도 생겼다. 부모님 모시는 일로 고민이 있었던 도반들도 힘을 얻게 되어 감사하다고, 큰 용기 얻고 노부모와 함께 해도 두렵지 않을 것 같다고 했다. 엄마로 인해 공부 점검도, 발심 동기도 가져 온 기회였기에…
엄마가 공부하는 것을 도와주신 것이다. 육근경계에 속아 지냈
던 시간이 너무 허망했다. 엄마는 본분을 지킨 건데, 난 그동안
경계에 속아 나를 속였구나 싶어 죄책감에 한참 힘들었다.

　'엄마! 노여움 내려놓으세요. 그리고 염려하지 마세요.'

　죽음 앞에서는 두려움이 크기에 마감 직전에 나누는 대화로 안
심시켜 드리는 것이 큰일인 듯 싶다.

　'아미타부처님 만나실 수 있습니다. 엄마!'

　엄마는 관세음보살 도움 받으시고, 남순동자의 재롱을 보셨으리
라 본다. 아미타불 염불공덕으로 연꽃 위에 누워 계셨으니 말이다.

경계에 속지 않고 사는 법

남에게 베풀면서 마음과 싸우는 것은
어질고 착한 이로서는 차마 못할 일,
보시란 원래 싸움이 아니니
당신의 마음 내키는 대로 하시오.
(증일아함 성문품)

경계에 속고 사는 나에게 큰 공부 시키신 엄마는 나에게 선지식 그 자체였음이다.

지금 생각해보니 엄마는 초등학교(소학교) 시절에 부르셨던 "소풍 가는 날"을 일본어로 자주 불러주셨다.

"기다래야 도모요 우치스레데~."

노래 불러주시는 것도 밝고 좋은 내용이 담긴 노래였다. 몸 바꾸신 후에 화장(火葬)하는 날 해도 밝고 즐겁게 소풍가는 날이 되리라….

어느 날 스님께서 오셔서 칠갑산을 불러주셨다. "스님 노래 소리 듣고 나니 만고회심이 확 풀립니다." 라고 하며 좋아하셨던 그 모습!

비구니스님이 김삿갓 노래 불러 주었더니 답가로 "청년시대 좋지만은 두 번 오기 만무니~♪ ♪ ♪ 문명정기 따라서 학문이나 힘써볼까, 치산범절에 힘써볼까~"

"두 가지 다 하자니 힘드네요. 스님은 어디에 힘쓸 거요?"

스님이 허허 웃으니 "늙은이가 주책 부렸다 생각하세요" 하시고… "머리 깎고 갈 때 마음과 지금 마음이 같으냐?"고 묻기도 하시니, 스님이 당황하셨다. 지금 표현은 돌직구!

엄마! 노여움 풀어주세요.

엄마! 모두 용서해주세요.

엄마! 잘못했습니다.

참회진언

옴 살바 못자 모지 사다야 사바하!

옴 살바 못자 모지 사다야 사바하!

옴 살바 못자 모지 사다야 사바하!

도인 만드는 선방 대중공양

바른 마음으로 진리를 행동으로 옮겨 실행하는 사람은
반드시 현세에서 휴식과 안락을 얻을 것이니,
잘 받아 가지고 읽고 외우며 조용히 생각하여라.
그러면 곧 나의 깨끗한 법이 오래 머무를 것이며,
세상의 온갖 괴로움에서 벗어나고
중생을 제도하여 편안케 하리라.
(장아함 반니원경)

"엄마! 선방 대중공양 해주세요."

대중공양 할 때 "이 돈으로 도인 나오느냐?"고 물으셨다.

"내가 보시 한 것이 도인 나오면 해야지~? 언제 해보겠니."

망월사 선원에 공양금 보내면서 "민경식 불자의 대중공양 보내
는 공덕으로 육도윤회 벗어나길 발원합니다." 원을 세워 보냈다.

어느 날 신륵사 문중스님이 오셔서 어머니 앞에서 금강경을 읽
어드렸다. 스님께서 16품까지 읽으시고는 나머지는 다음에 오
셔서 하신다고 하셨다.

어머니께서 내게 그러셨다. "저 스님은 금강경 읽어주다 마느
냐?"고… "나중에 보시금 드리고 오늘은 주지 말라"고 하셨다.

"왜?" 하니까 손을 입에 대시면서 꿀꺽하신단다.(웃음)

어머니의 총기와 정신력은 지금 요즘 시대에 흉내 낼 수 없음이니… 나도 엄마처럼 마지막까지 '나무아미타불' 염불이 가능할까? 엄마는 이곳에서 1년 사계절을 보내셨다. 봄, 여름, 가을, 겨울을….

그리고 음력 10월 10일 오전 10시에 불상 이운식 및 신중탱화 점안식을 했던 날, 어머니 임종하신 날도 음력 10월 10일 밤 10시였다. 나에게 끝까지 알려주신 것이 초심을 잊지 말라는 암시라고 생각이 든다.

엄마, 소풍 잘 가세요

모든 것은 덧없이 생멸하는 것이라고 관찰하여,
욕망을 끊어 버리고 마음이 돌아보거나
생각하지 않고 묶이여 집착하지 않으면
마침내는 괴로움의 무더기도 멸해 없어질 것이다.
(잡아함 불전경)

엄마는 나와 지내면서 늘 외우는 말이 있었다. 단정하게 차려

입으시고 이렇게 기도하시곤 했다.

"부처님, 저 민경식, 알게 모르게 지은 죄가 많습니다. 용서해

주시고 90이 넘도록 잘 살았으니 고맙습니다! 이제라도 부처님 곁으로 갈 수 있게 도와주세요. 잘 살았습니다. 감사합니다."

이제는 떠나고 안 계신 이곳엔 여전히 아미타불 정근 소리가 멈추지 않고 있다. 그리고 제게 알려주신 그 소리도 나만 듣고 있다. 전에는 미아(迷兒)로 살아온 시간이라면 지금은 고아(孤兒)로 살아가는 시간이다.

임종을 보면서 여름에 입고 기도하고 좌선했던 옷을 깨끗이 빨아 놓았던 것을 엄마 임종 직전에 갈아입혀드렸다. 가지런한 모습에 경이로웠던 것이 지금도 생생하다.

효자 아들 못 볼까 버티고 계시다 얼굴 보고 고맙다고 하시면서… 불자가 아닌 동생에게 <티벳 사자의 서> 읽게 하고 임종 전 울음소리 듣게 하면 안 된다고 교육시킨 보람이 있었다. 동생도 침착하게 내 뜻에 따라주었다. 임종 후에 염불할 수 있도록 동생도 동참해주었다.

반듯하게 누워 계신 엄마에게 동생은 "잘 키워주셔서 고맙습니다." 작별 인사와 "엄마, 소풍 잘 가세요."라고 작별을 나누었다. 나무아미타불… 그리고 한 시간 후에 경희대병원으로 옮길 수 있었다.

병원에서 나오신 분이 20년 만에 자택에서 임종하신 분은 처음 모신다 하셨다. 모두 병원에서 아니면 요양원 시설에서 임종을 맞이하는데 할머니가 고우시다고, 엄마 방에서 국화꽃 향기가 난다고 하셨다. 유난히 꽃을 좋아하셨던 엄마다.

어느 자식이 부모 떠나면서 슬픔과 후회가 없을까? 아쉽고 저리고 그런 마음 아닌 자식이 어디 있을까마는, 나에게 다가오신 어머니는 비승비속(非僧非俗)으로 살아가는 딸에게 공덕 짓고 무상(無常) 도리 일깨워 주신 분이기에 특별한 것이다.

그래서 일까? 밖의 일이 궁금하지 않고 무심(無心)으로 보게 되고 명분 없는 일에는 관심이 없다. 늘 같은 오늘을 맞이하고 있지만 무심으로 지내게 된다. 이 공부를 깊게 알게 해준 엄마다.

엄마와 인연 있는 도반들에게 감사하다. 특히 무애심, 혜강심, 혜명심, 혜원심, 법성화 · 길상화 그 외… 엄마와 인연 지어준 스님들께도 감사함을 전합니다.

경계와 점검

지금은 천일기도중이다.

기도 중이나 좌선 중에 보이고 본 영험을 나만 아는 것이면 헛것이다. 지금 이곳은 승가나 재가의 진정한 스승이 부재중이라 기도 중에 일어난 일을 점검 못하고 있다.

좌선 중 일어난 일도 경계에 부딪쳐 힘들 때 누구도 그 경계를 뛰어넘는 방법을 알려주지 않고 있으니 재가나 승가나 스승이 부재중인 듯….

주변에 둘러쌓인 이웃들이 기독교 장로, 권사, 집사, 여호와의 증인들이 많다. 수행처인 까닭에 시비거리 없을까 노려보는 사람들도 있다. 엄마 살아계실 때 날이 따뜻하여 엄마와 벤치에 앉아 세상살이 돌아가는 이야기 나누고 있는데 뒷집 권사가 시비를 걸어왔던 적이 있다.

소각장에 연기가 집으로 들어온다고 소리소리 질러 되면서 사탄 취급했던 일이 있었다. "참는 것도 한계가 있지" 하면서 싸우려하니까 엄마는 내 손 꼭 잡아주시면서 "화내고 있는 자신만 마음 상한다. 그러니 부드럽게 말하렴. 도시에서 살다 와 잘 몰랐으니 이해하세요." 라고 일러주셨다.

그런 마음과 그런 말씨가 엄마는 어디서 나오는 걸까? 한참 부족한 나는 부끄러웠다. 난 수행해온 사람인데 엄마는 하기 힘든 무재칠시(無財七施)를 하고 계셨던 것이다. 난 아직 멀었다.

나를 단련시킨 형제들

남들이 입에 침이 마르도록 칭찬하거나 욕을 하더라도
멱감는 강가(항하)의 기둥 처럼 태연하고
탐욕을 떠나 모든 감관을 잘 가라앉힌 사람,
그분이야말로 성인임을 현자는 안다.
〈경집〉

엄마가 저승 소풍 가신 지 벌써 백일이 지났는데 난 실감을 못
하고 있다. 아마도 유골함이 아직 옆에 있어서 일 것이다.

기독교의 형제들은 매장을 주장하고 시끄러웠는데 함께 했던
나의 뜻에 따라주기로 했다. 헌데 그 마음도 며칠 못가 "네 엄마
니? 너만 자식이니?" 하며 핑퐁놀이를 하고 있다.

이것이 권리주장인 것이다. 살아계실 때는 자식의 의무도 안
해놓고는 육신 없는 유골가루에 시비를 걸고 있으니 참 한심한
일이다.

살아계실 때 유훈(遺訓)도 좋다가 안 맞으면 유훈대로 안 되는
것이다. 부처님은 미신(迷信)이라 여기는 기독교 형제들. 지금 돌

75

아보면 그들도 선지식인 셈이다.

　끊임없이 담금질 시켜주고 있는 형제들. 모실 사람 없다고 시설 운운 했던 그들이었는데 가신 뒤엔 "네 엄마, 너만 자식이야" 등….

　재산이라도 많이 남겨 주셨으면 어찌했을꼬? 엄마와 함께 하는 기간 동안 난 마음살림이 부족함을 알았고 경계에 속음을 알게 되었던 것이 앞으로 살아가는데 도움이 되리라.

　무상보시(無相布施: 베푼다는 생각 없이 행하는 보시) 알려주신 엄마! 그러기에 잘 살아야 함을 깨닫게 해주신 엄마! 한 호흡 끊기니 목석이 되어버린 엄마! 그런 엄마는 나에게 큰 가르침을 주신 분이다.

　아, 엄마~.

　이제는 진짜 고아로 살아가야 하나보다. 사회가 물질만능시대인 만큼 형제끼리도 돈 있으면 한 번 더 보려고 하는 계산이 밑그림으로 깔려 있다. 수행해온 나를 귀신 불러들이는 사람 취급하는 가족들….

　이제는 홀로 행하고 게으르지 말며 비난과 칭찬에도 흔들리지 말고….

소리에 놀라지 않는 사자처럼

그물에 걸리지 않는 바람처럼

진흙에 더럽히지 않는 연꽃처럼

무소의 뿔처럼 혼자 가라.

아~

이제는 홀로 핀 꽃처럼

남에게 롤모델이 되어 살아가리라.

법보시 인연으로 만난 아미타불 염불

선남자 선여인이 아미타불에 대한 이야기를 듣고
하루나 이틀 혹은 사흘 나흘 닷새 엿새 이레동안
한결같은 마음으로 아미타불의 이름을 외되,
조금도 마음이 흐트러지지 않으면
그가 임종할 때 아미타불이 여러 성중들과 함께
그 사람 앞에 나타날 것이다.
그는 생각이 뒤바뀌지 않고
곧 아미타불의 극락세계에 왕생하게 될 것이다.
〈아미타경〉

엄마 살아생전 죄업소멸 하시
면 좋겠다고 백양사 스님이 권했
다. 예수재(豫修齋: 임종 후에 좋은
곳으로 가기 위하여 생전에 부처님께
게 올리는 재) 지내는 대신 〈아미
타 예참〉을 법보시(法布施) 인연
맺게 해드렸는데, 엄마는 그 법
보시 책이 도착하는 날 임종하셨
다. 엄마도 불가에 인연이 깊은

듯하다.

그리고 <아미타경소>로 극락왕생 법보시 인연도 맺었다. 양산 정토원 원장이신 정목 스님이 쓰신 경책인데 엄마의 인연덕으로 스님과 전화 통화로 인연 되어 원효 스님의 <아미타경소>를 알게 게 되었고, 그 인연으로 아미타불 염불을 하게 되었다. 그간 좌선 하면서 화두 잡고 있던 나에게 아미타불 염불선이 다가온 것이다.

그리고 일체의 대상을 아미타불의 화신(化身)으로 보도록 연습 하였다. 그렇게 해서인지 시비(是非)가 쉬어진다. 그리고 무심하 게 하루하루 지내게 된다. 밖에 관심이 끊어지고 궁금하지도 않 으니….

준비 없는 이별과 참회

주변에 새싹이 많이 나왔다. 작년엔 이런 날 벤치에서, 그네 타면서 자연을 이야기 했었는데 엄마와….

어머니! 저승 소풍 가시니 좋으시죠? 이곳에서의 노여움 다 풀어지셨죠? 그때는 몰랐습니다. 항시 옆에 계시어 똥 빨래, 피 빨래로, 엉뚱한 말투로 오래 계실 줄 알았답니다. 말은 기도 중 수행 중이라고 했지만 엄마에게 기저귀 만지지 말라고 짜증도 내고 드신 것 없어도 수차례 똥 싸시고 피까지… 몰랐어요. 그런 과정이 이승의 마감인지를….

그래서 우린 연습도 재방송도 없이 그렇게 보내고 남아져서 뒤돌아보고 있나 봅니다. 그래도 엄마 용서하셨죠? 오늘도 참회하면서 하루 시작합니다.

엄마 어제는 당신의 효자 아들과 생각 차이로 다툼이 있었어요. 엄마 계실 때와 달라도 너~무 달라졌더군요. "엄마! 엄마!"에서 "형! 형!"으로 바뀐 동생에게 서운한 감정이 작게, 작게 쌓여 있었어요. 그래서 작은 다툼으로 이어지고 우유부단한 동생에게 작게, 작게 실망하게 되더군요.

허공에 날려진 말들 속에서 난 마음이 상했거든요.

엄마가 그러셨죠? 이 집 박씨 남자들이 가볍고 뻥소리가 크다고… 맞네요. 주절주절 말해놓고 기억 없다고 하듯.

그래도 엄마한테는 잘했죠? 동생이….

엄마 아들들은 모두 쫀쫀해요. 뒤에서 공격하고 앞에서는 남 평계대고 있으니…

엄마! 그래도 엄마는 "애야, 그런 마음 갖지 마렴, 너만 속상하단다." 하시겠죠. 맞아요. 나만 속상해요.^^

엄마 아들들이 내 마음에 상처를 제법 주고 있더군요. 기도중 장애라 여기고 역경계라 생각하면서 잘 살겠습니다. 엄마도 지켜봐 주시고 힘이 되어 주세요.

이렇게라도 엄마와 대면하니 훈훈해지네요. 엄마! 잘 지어서 마감 잘하고 아름답게 회향하도록 하겠습니다. 존경합니다. 엄마!

잡초 뽑듯 내려놓기

초파일이 다가오니 엄마가 등값 주신다고 오라고 해서 가면 봉투에,

"부처님 고맙습니다." 모서(母書).

"불쌍한 중생 굽어 살펴주세요." 모서.

"부처님 감사합니다." 엄마가—.

올해는 이 다정한 마음도 글씨도 받아볼 수 없게 되었네요. 그리운 엄마!

엄마는 1920년 음력 2월 14일에 태어나 2012년 음력 10월 10일 이생의 소풍을 마감하셨다.

콩밭을 매야 콩을 얻을 수 있는 것처럼 콩밭에 잡초를 뽑아야 콩을 심듯, 우리 생각에서 일어나는 것들을 뽑아 내려놓고, 내려놓고 해야 여여해질 것이다.

도반이 어느 날 물었다.

"원장님, 언제까지 수행해야 합니까?"

"깨달을 때까지요."

"지금 힘들고 고통스러운데 언제 깨달을까요?"

"힘들고 고통을 알고 있음이 깨달음이니 잡초 뽑듯 내려놓아 보세요."

도반이 휴~ 한숨을 쉬면서,

"근기가 안돼요."

"안돼요를 알고 있으니 그것이 깨달음이요."

그랬더니 답답하단다. 모든 것은 생각에서 나타나는데 생각은 헛것인데 진심은 그대로 이건만, 더 해줄 수 없는 것이 아쉽다.

동네 할머니가 호미 들고 돌 골라내고 풀 뽑고 계시는 시간이 온종일이요. 그리고 무언가 심고 주변에 잡초를 또 뽑아 주고 계신다.

아, 저것인데… 번뇌 망상 뽑고 또 뽑아 고요하고 적적하고 여여할 때 그때 알 텐데….

효(孝)와 도(道)가 사라지는 세태

유마힐은 대답했다.
'내 병은 무명으로부터 애착이 일어 생겼고,
모든 중생이 앓으므로 나도 앓고 있습니다.
중생의 병이 없어지면 내 병도 없어질 것입니다.
보살은 중생을 위해 생사에 들고 생사가 있으면 병이 있게 마련입니다.
중생이 병에서 벗어날 수 있다면 보살도 병이 없을 것입니다.
그러므로 보살의 병은 대비심에서 생깁니다."
〈유마경 문질품〉

세속에서는 부모 봉양을 모두 싫어한다. 부모들도 '말씨'를 심
는다. "자식하고 안 산다"고… 그렇게 심은 말씨는 자라서 자식
들은 부모를 못 모시고 만다. 그래서 시설이니 요양병원이니 마

구 생긴다. 그러다 보니 효(孝)가 없어졌다.

요즈음 학교에서도 부모님 잘 모시고, 부모가 화목하고, 형제가 우애 있고, 친구 사이에 의리를 지켜야 함을 안 가르쳐주듯…자식이 원하는 것이라면 편법까지 쓰면서 학교 안가도 졸업장만은 받고저 물질을 쓴다.

그렇게 키우니 효도 모르고, 우애도 모르고, 정이 없어진 것이다.

그런데 승가 문중에서도 도(道) 깨치겠다고 출가하신 분들이 숙식(宿食)을 걱정하느라고 공부가 뒷전인 듯한 요즈음은, 물질만능시대임을 증명해주고 있다.

그래서 스승이 부재중이기도 하다.

재가자가 공부하면 무시하듯 머리 깎지 않은 재가수행자의 모습을 무척 한심한 듯 바라보는 스님도 계신다.

어느 비구니 선방에 대중공양을 갔다 알게 된 스님께서 복(福) 없으면 출가하기 어렵다 한다. 출가하신 분으로서 정진의 힘이 있어야 하는 건 아닐까? 왜? 숙식 걱정을 하실까? 좋은 시설을 만들어 놓는다고 성현이 나올 수 있는 것은 아닐 것이다. 나와 다름을 인정하면 화합하기 쉬울텐데….

옛 조상님들은 물(얼음) 깨고, 장작을 지고 산을 오르내리며, 화두 잡고 염불했을 텐데, 지금은 등 따뜻하고 배부르니 자가용 갖고 싶고 토굴 갖고 싶은 것이다. 출가나 재가의 삶이 같아 보인다.

수행 풍토를 비판하는 것은 아닌데 씁쓸하다. 선방 안거철에 그 많은 분들이 깨쳐보겠다고 들어갔는데 왜? 초심(初心)을 잊고, 발심(發心)도 내기 힘든지 요즈음은….

그래도 열심히 해주시는 분이 계시기에 오늘도 그 열심히 하고 계신 분들 생각하며…

부처님 시봉 잘 하겠습니다. 밝은 날처럼 복 짓기 발원으로… 나무아미타불~ 염불해본다.

남을 평가하는 내 마음이 허물인데…

자기 번뇌의 화살을 뽑으라.
번뇌의 화살을 뽑아 버리고
거리낌없이 마음의 평안을 얻는다면
모든 걱정을 초월하고 근심 없는 자,
평안에 돌아간 자가 될 것이다.
〈경집〉

오래전에 인연이 되신 스님이 계셨다. 처음 대화 속에 공부 안 되면 안 되고… 그래서 화두 잡고 살아오신 지 30년 되었다 하셨다.

그런 분이 주지 소임 맡으시고 많은 변화가 왔다. 공부 점검이니 하셨던 스님께서… 등 따스고 배부르고 주변에 의해서…. 요즘 시대는 그리해야 제도 되는가 보다.

어느 비구니 스님께서 나에게 "너무 아는 것이 많으면 공부에 도움 되지 않으니 지워버리라"고 하신 분이 지금은 삼재소멸(三災消滅)풀이 하신다고 잡기(雜技)에 능하신 분으로 바뀌었다. "도정님, 시주는 이렇고 저렇고…" 그러면서 선정에 들고 있다고 하신다.

공부! 마음 챙김! 다스림!

내 스스로가 되어야 한다. 그리고 자비로써 대할 때 모든 것은 반가움이라고.

나도 지우개로 지울 것이 많은 사람 중 하나다. 그러면서 남의 허물을 보고 있으니… 다, 내 허물인데….

정법의 안내자로

어느날 정념선원에 딸이 우울증 증세 판단을 받고 오신 분이 계셨다. 아이들 우울증은 부모에게 문제가 있다고 했다. 아버지는 돈만 있으면 되는 분이고, 엄마는 그 돈 쓰는 것으로 부모노릇 다했다고 생각했던 사람들이다. 부족하면 돈으로, 공부 못하면 돈으로 과외 등등.

딸은 지금은 학교를 가지 않고 있단다. 그래서 절 수행을 시켜봤다. 혹시나 해서….

마음 즉 생각에서 온 병이니 육신으로 고쳐보면 좋겠다 해서, 아프면 아픔을 느끼고 눈물 나면 눈물 나는 것을 느껴볼 기회를 주고 싶었는데… 엄마 보살만 오셔서 3배로써 대신하고 간다.

이산혜원 선사 발원문처럼 내 모습만 봐도 이름만 들어도 따라하고 싶고 닮아가고 싶어 환희심 낼 수 있는 그 정도까지 공부가 되어야 지금의 현실 제도(濟度)가 가능할 것 같다. 대자비심으로 평등하게 볼 때 비로소…

비승비속인을 보는 것으로 판단이 되어 있기에 어느 정도 한계가 있음은 당연할 것이다. 그러나 그것은 그저 생각이란 잡초밭에서 일어나는 것이기에 뽑아버리고 그냥 타박타박 저 높은 곳으로 가는 것이다.

금생에 이 몸 받아 정각 이룰 수 있다면 그 다음의 생각이 무에 필요할까?

오늘도 제불보살님!

각자 이루려는 것은 다르지만 결국 하나로 통합됨은 알고 있습니다. 제 기도 공덕으로 바른 생활과 바른 생각으로 부처님 법에 의거해 정법의 안내자로서 살아가겠습니다.

현생에 바른 생각으로 정각을 이루리라 믿습니다. 부처님! 제가 부처님 불상 모심은 신심의 발로이며 서원력의 다짐이랍니다. 본분을 지키며 날마다, 날마다 정진의 끈을 놓지 않겠습니다. 나무아미타불!

수행자의 시간

믿음은 종자요 고행은 비며,
지혜는 내 멍에와 호미요 부끄러움은 괭이자루며,
의지는 잡아매는 줄이고 생각은 내 호미날과 작대기라오.
몸을 근신하고 말을 조심하며 음식을 절제하여 과식하지 않고
나는 진실로써 김을 매며, 온화한 성질은 내 멍에를 벗겨주오.
노력은 내 황소, 나를 안온의 경지로 실어다 주오.
물러남 없이 앞으로 나아가 그곳에 이르면 근심 걱정이 없어지오.
내 밭갈이는 이렇게 이루어지고 감로의 과보를 가져오는
이런 농사를 지으면 온갖 고뇌에서 풀려나게 되오.
〈경집〉

봄날이 참 좋다. 엄마가 계셨다면 새로 나오는 봄꽃을 이야기할 수 있을 텐데… 눈에 선한 모습이 나의 마음을 먹먹하게 한다. 벤치에 앉으셔서 먼 산 보시던 모습이…

오늘은 아미타 염불 소리가 유난히 청아하다. 법당에서 흘러 나오는~ 나무아미타불 나무아미타불~~~!.

오늘은 약속된 사람이 아무 연락 없이 안 왔다. 입으로 약속했는데 그것이…. 시간의 흐름을 모르는 사람은 성공할 수 없는 것 같다.

돈을 잃어버리면 벌어 채우고 물건을 잃어버리면 사면 되지만 시간은 누가 어떻게 채워줄까?

그 시간의 중요함을 모르니까 삶이 잡초 속에 존재감 없이 묻혀 흘러가는 것 같다.

수행하는 사람에게 시간은 참 잘 사용해야 하는 것인데… 약속된 시간까지는 아무것도 못하고 그 다음도 못한다.

다행이도 염불 시간을 더 가져보고 마음 한 번 더 챙길 수는 있지만….

쉽게 말하고 "몰랐어요…." 모르기에 참 귀한 기회가 없는 것이다. 그것을 지적하는 이도 드문 것이다. 박복한 일만 만드는 요즈음 그것이 배부른 시절만 있는 걸로 생각한다.

오늘 앞에 있는 산에 가서 쑥을 캐보았다. 무심히 그냥~.

난 오늘도 내 뜻을 품을 그릇을 기다린다.

우울증과 불면증에 좋은 수식관(數息觀)

수행은 수단이 되기보다는 목적이 되어야 한다. 말씀으로 전해
진 것이 경전이고 성경인 것이다.

우린 어느 때부터 이런 좋은 말씀을 생계수단으로 쓰고 있다.
저기서 제시하고 있는 본질은 덮어지고 수단으로만 전하고 있
다. 제대로 알려주고 방편을 써준다면 기복의 신앙에서 조금씩
벗어나지 않을까 싶다.

이곳에 찾아오는 분들 대부분이 "어느 절에서 그러는데요…
어느 스님이 그러는데요…" 하신다. 사람은 듣고 싶은 것만 듣고
있고, 보고 싶은 것만 보고 있음을 안다.

그러기에 콩밭에 잡초처럼 복잡하게 살 수 밖에 없는 것 같다.

그래서 우울증이다, 조울증이다 라는 말도 나오는 것 같다. 별 근심 없는 분들이 우울증에, 불면증에 시달린다.

그런데 우리가 조용히 호흡에 집중하거나 수를 세며 앉아 있을 때 비로소 해결이 되곤 한다. 그래서 그분들께는 이렇게 말하곤 한다.

"잠이 안 오면 누워서 수식관을 해보세요. 아니면 염불을 조용히 호흡에 맞춰 해보세요. 그러면 아침이 될 겁니다."

같은 말도 모양에 걸려 있는 사람은 "스님하고 같은 말씀 하시네요." 한다.

"에~구! 진리는 변질되는 것이 아닙니다, 보살님!"

팔정도로 신심 키우고 서원력 다지기

법을 구하는 사람은 모든 것에 대하여
결코 구하는 것이 없어야 합니다.
〈유마경 불사의품〉

우린 무엇이든 이분화 시켜보니까 늘 "안돼요!" 라는 말이 입에 배어 있다. 누우면 잡초 무성하듯 분별심을 뽑을 생각을 안 하니 잡초에 덮혀 어찌 못하는 것이다.

그러고는 밖에서 불러 주기를 바라 전화기에서 손을 떼지도 못한다. 밖의 분주함이 좋아서….

그러나 아이들 문제를 보면 "내 탓이요"가 아닌 "저 놈 때문에 잘 수도 없고 편한 날이 없다"고 한다.

요즈음 유행하는 신조어들 중에 '묵언 가족'이라는 말이 나온다. 스마트폰으로 카톡 하느라 대화가 없단다. 각자 입맛에 맞게 외식 하러 나와도 그것을 들여다보느라 대화도 없고, 표정을 안

보니 어디가 어떻게 변화했는지도 모른다.

　이곳에 오는 분들도 공통의 화제꺼리다. 남에게는 관심이 많고 내 것은 들여다보지 못하고 있다.

　그래서 늘 발심을 내어본다. 팔정도(八正道) 근본 삼아 신심 키우고 서원력 다지겠다고….

　스스로 계를 정해보면서 말과 행동이 일치하도록 바른 행동하기/ 두려움 없이 보살행(종교인의 본) 실천/ 차별 없는 삶/ 대비심으로 일체를 평등하게 보기/ 언행에 빚지지 말 것/ 빠짐없이 교화하는 마음/ 지혜롭고 현명하게/ 유정·무정 모두에게 회향/ 불필요한 것을 하지 말기/ 검소함, 외부의 만남 절제/ 쓸데없이 외출 삼가/ 지금 바로 여기서 '나'란 상(相) 없애기….

흔들리지 않는 천년바위처럼…

성인은 탐욕을 떠나 인색하지 않으며,
자기가 잘났다든가 못났다고 말하지 않는다.
그는 분별을 두지 않으므로 망상 분별에 따르지도 않는다.
그는 세상에서 가진 것이 없다.
또 없는 것을 걱정하지도 않는다.
그는 어떤 사물에도 이끌리지 않는다.
이와 같은 사람이야말로 참으로 평안한 사람이라 할 만하다.
〈경집〉

하루 일과는 늘 시간표에….

새벽 03:00 기상.

04:00~06:00 새벽 예불 및 좌선(경전 독송으로

몸 마음 바로잡기)

06:00~07:50 아침 공양 및 뒷산 산책(도량 정리).

08:00~09:50 좌선(염불선, 아미타불)

10:00~12:00 사시예불 및 기도(관음기도)

12:00~13:50 점심공양 및 자유(도량·집 정돈)

14:00~15:50 좌선

16:00~18:50 오후불식(자유) →독서와 정리

19:00~20:50 저녁예불 및 기도(절수행)

정신육체 단련하기

21:00~   취침

나의 기도로써 인연 있는 모든 이들과 금일 영가의 극락왕생 발원하기와 다라니로 득력(得力)해서 어디에도 흔들리지 않는 천년바위처럼….

관음정진으로써 수행을 통하여 남에게 필요한 사람으로 살아가기.

정념선원(正念禪院) → 바를 정, 생각 념, 고요할 선, 집 원 → 출가와 재가 수행자들은 재충전할 수 있는 터. 출가 수행자들을 정신적 지주 삼아 재가불자들이 부처님 법을 공부하며 참선, 기도하고자 하는 재가불자들의 모임 터로 세워진 곳인 만큼 누가 해주겠지 보다 내가 직접 수행도 하고 보살행도 실천해야 한다.

9년간 여기까지 와 보니 내 뜻을 품고 함께 할 수 있는 도반들이 생겼다. 그것이 나의 전생 인연 공덕이라면 지금 바로 여기서 쉼 없이 타박타박 가보련다. 무소의 뿔처럼… 금생 인연 마감까지 본분을 지키며….

여기까지 오면서 진정으
로 믿어주고 지켜봐 주신 분
이 엄마다. 정재하지 않은
채로 나를 믿어주고 힘 있는
말씀해주신 엄마다.

"늙은 어미한테 너 같은 아이가 있어서 행복했다. 더 큰사람 되
어서 많은 사람 제도하는 사람 되거라! 이 어미는 다 된 것 같구
나. 도움 줄 수 없는 몸이 되었으니 죽어서 저승 가면 도와줄게.
누워 계신 동안에 나무아미타불…"

아! 엄마, 제게 되물어 주셔서 고맙습니다. 49일간 조석으로 상
청하면서….

엄마가 안 계신 그늘을 하루하루 보내면서 더욱 느끼고 있다.
형제간(기독교)에 소통의 어려움도…. 엄마 유언도 무시하고 있
는 형제들이다.

잘 나가는 자식을 진심으로 축하하는 분은 이 세상에 엄마 밖
에 없다. 형제도 사촌도 배 아파하는 것은 인간 마음속 밑바닥에
'나만, 나 밖에…' 라는 것이 자리 잡고 있어서다. 남이 잘되는

꼴이 싫은 것이다. 그래서 내가 바로 서야 한다. 일체를 아미타불의 화신으로 보려고 오늘도 갈무리해 본다.

함께 지내던 엄마의 그 자리는 너무 넓다. 계실 때는 몰랐다. 그 그늘이 이렇게 넓고 좋은지를….

엄마 안 계신 지금 난 진짜 고아이다. 의무는 안 하고 권리만 찾으려는 형제들. 그래도 잡초(번뇌망상) 뽑는 연습을 하니 그들도 나에게 선지식이다. 가장 힘들게 하는 것이 나에게 큰 도움이 되고 있으니 말이다. 그것들이 디딤돌인 것이다.

아! 조금은 자비심이 일어나는 것 같다. 안 보고 밀어내었던 감정이라는 잡초는 뽑아내보니 가엾고, 원망·미움의 잡초는 뽑아내보니 불쌍하다.

또 자라는 잡초이겠지만 풍요로운 수확을 얻기 위해서는 그래도 잡초는 뽑아야 하는 것이다.

그마저 없으면 마음 살림살이를 어디서 챙기겠는가? 두고두고 공부꺼리였다.

그래서 오늘도 두 손 모아 발원한다.

'감사합니다, 고맙습니다 부처님. 저를 목적으로 쓰시고 수단은….'

종교의 근본은 효

목숨이 다한 육신은 흩어져 까마귀와 새가 쪼아 먹고
짐승들이 뜯어 먹거나 혹은 태우거나 묻히어
마침내는 흙이 되고 만다.
그러나 그 마음의 업식만은 항상 믿음에 싸이고
정진과 보시와 지혜에 싸여
저절로 위로 올라가 좋은 곳에 나는 것이다.
〈중아함 가미니경〉

종교의 본이 효로 시작됨을 누구나 알고 있다. 어느 날부터 사람들은 "부모를 안 모신다", "자식하고 안 산다"는 말을 하기 시작했다.

시대의 흐름인가? 우리가 종교를 갖는다는 것은 종교에서 제시하는 말씀이 좋고, 듣고, 믿고, 행하기 위함이 아닌가?

부모를 복지시설에 모시고는 시간 날 때마다 면회하면서 지내는 것을 권하는 종교는 없을 것이다.

그런데 우린 당연히 "못 모신다"는 말을 쉽게 하고, "같이 못 산다"고 쉽게 말한다. 그것이 말씨가 되어 지금 요양시설과 다른 시설들이 마구 생긴다.

종교의 힘은 부정을 긍정으로 바꿀 수 있는 에너지가 있다. 과연 종교인이 무엇을 듣고 실천하고 있는 걸까?

지금 현실은 도를 얻겠다고 출가하신 분들 조차 노후복지관이 필요하다고 하니, 종교지도자들도 복지시설에서 노후를 마감하고 싶으신 것이다. 그러니 범부들이야….

자연에서 나오는 것은 좋아하면서 왜? 우린 육신에 집착을 갖게 되는 걸까요?

나무아미타불…

부끄러운 수행자상

네 가지 두려움이 몸에 닥치면 그것은 막을 수 없다오.
그 네 가지란, 늙음과 질병과 죽음과 무상이오.
이것은 그 어떤 힘으로도 막아낼 수 없소.
마치 큰 산이 무너져 사방에 덮쳐 누르면
아무리 발버둥쳐도 빠져 나올 수 없는 것과 같소.
〈증일아함 사의단품〉

삶은 순간순간 마무리이자 또 다른 시작이다. 나의 삶이 그러하다.

누가 부처님 법 만나라고, 불교를 믿어보라고 한 사람 없어도, 인연인 듯 스스로 부처님 법을 만난 지도 25년이 되었다.

학창시절에도 늘 사색을 좋아한 나는 친구들과 수다보다는 명상에 잠기듯 분위기 깨는 사람 중에 한 사람이었던 것 같다. 직장생활 속에서도 생각은 부처님 같이 말은 덕담으로, 행동은 여여하게…

늘~ 남들처럼 평범한 삶을 추구하기 보다는 남이 번거로워하는 일을 찾아하기 좋아했던 나는 누구일까? 궁금하여 더 평범한 것과 멀어지는 삶을 살아왔던 것 같다.

하지만, 나에게도 가족이 분명 있는데 마치 혼자인 듯 살아온 나였다. 당연히 형제들은 나를 이해 못하면서 지내게 되었던 것 같다. 더구나 난 비승비속인으로 살아왔기에….

역사 속에 있던 사찰을 찾아다니면서 기도해보고 대중생활도 즐겼던 제방에서 나름 공부 잘하는 모습으로 상대 보살들에게 비춰진 난 교만함이 드러나고 승가에 계신 스님들께 법담 나누기를 좋아했던 사람 중에 속해서 살아온 세월이 꽤 있었다.

직장에 다니면서 기도한다는 것이 나의 소견으로 여유 부리는 오만함이 있었던 것 같다.

새벽기도 마치고 출근했던 몇 년의 세월이 가면서 마치 대단한 일을 하는 양 남에게 은근 자랑처럼 "새벽기도와 선방 그리고 보궁처소 3000배를 몇 번 했어. 몇 번 다녀왔어. 선방 몇 철 났어." 하며 그것이 마치 수행 잘하는 모습처럼 보인다고 생각했던 세월이 있었다. 그러던 중 나는, 너무나도 큰 어리석음을 안 동시에 사표(사회생활 정리)를 내고 은둔 아닌 은둔생활을 시작했다. 경제 관념, 명예, 체면을 접고….

주변 사람들은 꽤 좋은 직장을 그만둔 이유를 궁금해 했지만, 난 소신을 갖고 부처님 말씀이 구심점이 되어 나를 알고 싶었다.

나는 하루하루가 소중하여 마음 챙기기부터 하면서 배워왔던 교리를 되새기면서 참나를 찾아 들어가면서 육근경계에 속지 않으려고 늘 자신을 챙기는 하루하루를 보내기 시작했다.

불안한 마음 없이, 부러운 것도 없이 잘 지내고 있던 어느날, 도반이 물었다.

"전기 끊기면 어떻게 하시려고요?"

"촛불 켜고 살지요.(︿;) 아직 전기 끊긴다는 통보 없으니 잘 지내고 있습니다.(웃음)"

10년 관음정근의 원력

보살에게는 삼세 부처님께서 설하신 열 가지 행이 있습니다.
그것은 즐거운 행, 이롭게 하는 행, 어기지 않는 행,
잘 나타나는 행, 집착 없는 행, 얻기 어려운 행,
법을 잘 아는 행, 진실한 행입니다.
〈화엄경 십행품〉

10년 원력을 세워서 관음행자로 지내면서 나름 가피를 받았던 순간이 있었다. 3년 기도 마칠 때쯤 도반들이 생겼다. 10년 원력은 도반들과 함께 노후에 작은 도량을 세워 더불어 정진하면서 아름다운 마무리로 극락에 가는 것이었다.

창건주가 되고 싶은 마음이 큰 나로서, 그 10년 중 첫 3년 기도를 회향하면서 내게 많은 변화가 찾아왔다. 광고 간판 없이 지내던 나에게 찾아오는 사람들이 생겼던 것이다. 그래서 함께 기도하고 성지순례도 하면서 남은 시간의 기도를 지어가면서 사람들과 부딪쳐보고 주지 스님들의 고충도 알게 되었다.

사람들은 인연 따라 움직임이 많음을 알게 되었다. 그리고 어느 스님과 친분을 자랑하는 사람도 있었다. 어느 곳에 보시했음을 자랑하면서 어느 절 등등 이야기하는데, 그런 사람들일수록 비승비속(非僧非俗)으로 살아가는 나에게 "출가를 하시면 존경받을 텐데…" 라는 말들을 많이 했던 것 같다. 비구니 스님들도 출가권유를 했던 시간들이 많았다.

그런데 나는 '꼭 출가 해야 공부되는 것인가?' 라는 의문이 많았던 입장이라 '부처님 말씀처럼 생활하면 되는 것이지' 라는 생각이 더 컸었다.

나는 그냥 나에게 충실하며 살았다. 출가 인연 없다면 재가수행자로서의 생활도 좋을 듯 했고 흉내 내기도 싫었던 나에게는 더 엄격했던 생활이었다.

스스로 이런 생활이 내 신심의 발로이며 원력의 다짐이라 여기며, 관음행자로서 지내온 시간을 총정리 해보는 기회로 삼았다. 주변의 말과 시선보다는 관음행자로서 말과 행동이 일치하도록 수행해야지 하는 그 마음이 컸다. 두려움 없이 미래세가 다할 때까지 보살행만 닦으리라는 마음으로….

모든 중생을 대비심으로 평등하게 보려는 원력의 다짐… 모든 중생을 빠짐없이 교화하고 싶다. 아는만큼, 보여지는만큼, 가진 것만큼 베풀면서 아름다운 회향이 되도록 해야겠다.

복그릇을 엎을 때

여기 기억하고 사랑하고 존중해야 할
여섯 가지 화합하는 법이 있다.
이 법에 의지하여 화합하고
다투는 일이 없도록 하여라.
첫째, 같은 계율을 같이 지키라.
둘째, 의견을 같이 맞추라.
셋째, 받은 공양을 똑같이 수용하라.
넷째, 한 장소에 같이 모여 살아라.
다섯째, 항상 서로 자비롭게 말하라.
여섯째, 남의 뜻을 존중하라.
〈사분률〉

'유정(有情), 무정(無情) 모두에게 회향하겠다는 다짐으로 스스로에게 계율을 되새겨 남은 기간을 보내련다' 하는 생각으로 3년씩 입재 회향 하면서 6년 넘길 때쯤, 나에게 큰 인연이 다가왔다.

불교입문 하면서 좋은 말과 좋은 단어는 누구누구 할 것 없이 많이 알고 있을 것이다. 그 중 난 더 그랬다. 전생에 교학을 공부했던 것 같다. 말도 조근조근 차분하게, 조용하게, 단정하게 한다고 주위 분들이 들려주곤 했다.

6년 기도를 마칠 때쯤 사람들과 관계도 버겁게 작용되어 산속으로 가고 싶다는 생각을 많이 했다.

사람들이 들떠있는 모양으로 점점 돌아다니고, 간 보고, 다른 말도 하고, 쌀쌀맞다고··· 방편을 안 알려준다고 비방도 하고, 스님도 아니면서 정법으로 살아가면 누가 알아주느냐는 소리도 들렸다.

사주, 수능, 승진, 이사, 궁합 등이나 들이 밀고···.

이것이 비승비속으로 살아가는 나의 현실이었다. 그런 나는 역경계구나. 남아있는 3년 수행 잘할 수 있도록 오히려 힘을 내게 하는 장애구나 하면서 오던 사람들에게 말했다. "당분간 각자 자리에서 주인공처럼 살아보고 내가 공부 되면 다시 보자"고···.

그런 생활 속에서 사람이 사람인 것은 사람다움에 있을 것이다. 불교에 입문하여 참사람 되기 위함이 어떤 것인가?

부모와의 인연도 한량없는 생에 거쳐 인연 지어 진다는데···.

불법 만나기는 백겁을 지나도 만날 수 없다 했는데 난 사람으로 태어나 교육을 통해 사는 법을 터득하고 불법 만났으니 이런 큰 복이 어디 있겠는가? 이런 복을 갖고 있으면서도 난 복그릇을 엎을 때가 종종 있었다.

지금 돌아보니 허위 속에 살아온 듯 하다. 이렇게 깨우칠 수 있게 해주신 분이 엄마다.

가면을 벗겨준 엄마

말을 항상 부드럽게 하여 나쁜 말을 하지 말고,
마음이 거친 사람을 부드럽게 대해 주며,
근심이 있는 이는 근심을 덜어주고,
굶주리는 사람에게 음식을 넉넉히 나누어주며,
병든 사람을 고쳐 주고,
전쟁이 일어나거든 중재하여 화평하게 하며,
부모와 스승을 공경하고,
원한이 있는 사람에게는 자비로써 대해야 합니다.
〈열반경 사자후보살품〉

엄마는 내가 10년 기도 회향을 얼마 남겨두지 않은 시기에 큰 인연으로 다가오셨다. 나의 공부 점검 기간이었던 시간들이었다. 엄마와 난 오랫동안 떨어져 지냈고 가족들이 원하지 않는 삶을 살고 있었던 터라, 엄마와 함께 지내게 된다는 것은 누구도 예상할 수 없는 일이었다.

누가 보아도 이해하기 어려운 삶 속에서 수십 년을 보낸 지금, 그간 해왔던 가면을 벗겨주고 공부 챙김을 점검해주시는 분으로 엄마가 인연이 되어 오셨던 것이다.

부처님이 하생(下生)하시어 중생 제도 하시듯 엄마는 비승비속으로 살아가는 나에게 선지식으로 오셨던 셈이다. 다른 형제보다 나와 연연이 좀 더 깊었던 것 같다.

요즈음은 부모 모시기를 무척 버거워하는 사람들이 많다. 부모는 어느 자식에게도 짐이 되기 싫어하신다. 그래서 열 자식은 키워도 한 부모는 모시지 못하는 것이 자식인가 보다. 부모는 여러 자식을 한 자식처럼 키운다는데 말이다.

난 엄마와 큰 애틋함도 추억도 없었다. 늘 독립된 생활을 해온 탓으로 엄마와 함께 지내리라는 것은 누구도 생각 못했고 나 또한 그러했다.

주변에서 시설을 권하고 추천해주었지만 한때 <부모은중경>을 독송하면서 하염없이 눈물 흘렸던 나에게는 있을 수 없는 말들이었다. 포교는 말보다 행동으로 본(本)이 되어야 한다는 것이 나의 종교관이었기에, 배운 만큼 실천할 수 있는 기회로 맞이했다.

불자답게 종교인답게 부처님처럼 생활해야겠다고 마음 단속을 하고, 한 번의 기회이니 내가 하리라는 생각으로, 91세 된 엄마를 나의 거처로 모셨다. 따뜻한 계절 봄에.

혼자 살던 공간 35평이 엄마 한 분 오셨는데 꽉찬 공간이 되었다. 엄마의 위치는 그만큼 컸다.

자유롭게 살았던 나는 자유를 반납했다. 만행(萬行)이라는 명분으로 자유롭게 하던 산행과 산사 속의 생활을 모두 접어야만

비로소 자유를 느끼게 된다고 했던가. 난 효녀로, 자식으로, 엄마를 모시기보다는 아는 만큼 실천행을 하는 수행하는 딸로서 엄마와 함께 했던 것이다.

어느 때는 본분을 망각하며 엄마에게 짜증내고 있음을 알아채기도 했다. 부담과 번거로움을 느낄 때마다 다시 본분(本分)을 챙기며 엄마와 수행중이라는 마음으로 일주일 3번 목욕을 하고, 매 때 식사와 빨래 청소와 말동무 해드리기는 쉽지 않았다. 했던 말 또 여러 번 듣고 나면 허기가 졌다. 혼자 지낼 때보다 일이 많아져서 육신이 너무 힘들었다.

'엄마 한 분 모시는 데도 이런 감정이 일어나는구나' 하면서… 한가롭게 책도 읽고, 뒷산 산책하고 도반들과 나누던 여유로운 차 한 잔도 나에게는 어려움으로 남겨졌다.

모셔올 때는 한 달에 3일 휴가형식으로 오빠네로 가시기도 했던 불편한 마음인지, 형제들이안부전화 한번 없어서인지 안 가신다고 하셨다. 그로 인해 난 수행중인 마음으로 갈무리하면서 형제들에게 기대했던 마음을 모두 접었다. 어떤 인연이기에……ㅠㅠ 봄에 오셔서 건강하게 잘 지내셨는데, 추석에 큰아들네 다녀오셔서는 장염에 걸려, 한 달 간 설사로 식사를 전혀 못하셨다.

나는 주변에서 식사 못하시면 몸 바꾼다는 말을 들을 때마다 부처님께 기도했다. 천일기도가 성만 되게 해달라고…

'아직 수행 중인데… 공부 지어가는 저에게 엄마는 선지식입니다.'

천일 3년만 제게 머물게 해주십사 간절하게 기도하던 중 나에게 건강 체크해주시던 김승학 한의사님께 엄마를 좀 봐주십사 왕진을 청하여서 처방해주신 한약을 드시고 엄마는 한 달 만에 회복되셨다.

그 앞전 가정의학 선생님께서는 "마음의 준비를 하라"고 하셨기에, 한의원 원장님과는 더욱 큰 인연인 듯 싶었다. 지금도 한결같은 분이시다.

같은 사람을 진단하면서 다른 처방이 내려진 것도 우연은 아닐 것이다. 그것이 진정 큰 인연이겠지….

엄마 모습으로 오신 관세음보살님

보살은 중생의 여러 가지 생각과 욕망과 업보를 알고
그 근기에 맞도록 몸을 나타내어 중생의 고뇌를 덜어 줍니다.
〈화엄경 십행품〉

엄마의 몸 회복 후 불교입문 추억 만들기를 위해 고승열전 24권을 인연 지어 드렸다. 나의 할아버지는 봉원사 시주자였다고 하셨다. 그래서 할아버지 영향으로 내가 이렇게 생활한다고 엄마가 늘 대단하다고 하셨다.(나와 지내는 기간에 또 다른 나를 아신 것임)

그때 종친 묘를 거절하시고 화장을 유언하셨기에 나의 할아버

115

지는 지금 시대를 미리 아신 것 같다. 묘는 써도 돌보기 힘든 시대가 올 것을 말이다. 그래서 할머니도 아버지도 모두 화장을 했단다.

엄마는 무교인이셨다. 외할아버지께서 교육관이 크셨기에 그 당시 딸들도 소학교를 마칠 수 있게 했단다. 강원도 횡성이 고향이신 엄마는 자식 교육 생각하여 서울로 시집을 보내신 것이다.

내가 태어나기 전에 어려운 시절을 보내신 엄마다. 그래서인지 옛날이야기처럼 어려운 시절을 구수하게 이야기로 들려주셨다.

아버지가 사업 하셔서 엄마는 물질적 고통은 없었다고 하셨다. 시절인연으로 난리가 나서 고생은 했어도 8남매를 무탈하게 잘 키워주신 엄마다. 그 당시 고아 안 만드신 것만도 대단한 엄마다.

그리고 낙천적이고 긍정적인 성격을 갖고 계신 엄마다. 남 허물이 눈에 띄어도 남의 얘기는 좋은 것만 말씀하셨던 분이다. 며느리가 그리 여러 명인데도 12폭 치마에 감싸기 위해 여인들이 한복을 입는 거라고 허물이 드러나도 긍정적으로 돌려서 말씀하신 엄마였다. 그런 엄마에게 불교를 알게 해드리고 싶었다.

오빠들은 모두 기독교인이다. 게다가 엄마는 무교였고 며느리가 교회 모시고 가도 별 흥미 없이 지내신 분이다.

나와 인연 있는 것을 보면 엄마는 내게 선지식이지만 또 다른 관세음보살님이신 것이다. 관음행자로 수십 년을 지내온 나에게 부녀지간으로, 엄마 모습으로 오셨던 것이다.

고승열전을 읽으시고(24권짜리) 책을 2번씩 읽으셨던 엄마의 모습이 지금도 아름답고 훈훈하게 다가온다. 엄마는 금강경 책을 몇 시간씩 독송하셨다. 몇 번을 읽으며 얼마만큼 시간을 보내셨는지는… 삼매경(三昧境)에 드신 것처럼 몰입하셨다. 91세 되신 분께서 3시간은 기본이었다. 그리고 아미타경, 지장본원경, 무상게 등 불교서적을 급하신 듯 보셨다.

도반들이 그 모습을 보고는 놀라곤 했다. 스님들이 오셔서 말씀하시면 스님들도 "영민하시고 대단한 분이다"고 찬탄하시곤 하셨다.

스님들께 엄마는 한결같은 말씀을 전했다. "청년시대 좋지만은 두 번 오기는 만무니 공부에 힘쓰라"고 하셨던 엄마다.

도반들이 집에 갈 시간이 늦어지면 "어서들 가시게! 남편 오기 전에 여자가 다정하게 맞이해야 남편들이 힘이 생긴다"고. 그리고 "아이들은 엄마가 반겨주지 않으면 삐뚤어진다"고 "어서어서 가시게!" 하셨던 엄마다.

선원 땅을 선택해준 엄마

모든 공양 가운데 법공양이 으뜸입니다.
법공양에는 부처님 말씀대로 수행하는 공양,
중생들을 이롭게 하는 공양,
중생들을 거두어 주는 공양,
중생들의 고통을 대신 받는 공양,
착한 일 하는 공양,
보살의 할 일을 버리지 않는 공양,
보리심에서 떠나지 않는 공양 등이 있습니다.
물질적인 공양의 공덕을 법공양에 견준다면
잠깐 동안 법공양한 공덕의 백분의 일에도
미치지 못합니다.
〈화엄경보현행원품〉

그러시던 엄마와 1년 정도 지내던 어느 날, 엄마는 "이곳은 부처님 말씀을 전해도 사람들에게 큰 도움이 없겠다"며, "시골 흙이 있는 곳으로 옮기면 좋겠다"고 하셨다. 서울이 고향인 내가, 서울 한복판에서 살았던 내가 시골에서?

엄마는 당신의 운명을 미리 알고 계신 듯 효자 아들에게 시골로 가고 싶다고 하셨다. 그래서 엄마 오신 지 1년(92세)만에 엄마의 고향 강원도, 경기도 양평, 청평, 파주 등지를 6개월간 돌아다녔다. 너무 힘들고 막연한 것 같아 포기하고 싶었는데 엄마가 바람 쐬러 가자며 서둘러서 또 보고, 또 보고 지금 이곳 양평에 자리잡게 되었다.

다른 좋은 집도 많았는데 엄마가 "이곳에서 장사 치뤄주면 좋겠구나!" 하셔서 결정된 집이다.

엄마가 좋다고 해서 현재 사는 집을 수리하고 2011년 9월 6일 이전했다. 그리고 인테리어 공사를 마치고 부처님 점안식을 11월 5일(음 10월 10일) 봉행했다.

넓은 공간과 앞산이 정겨운 곳이다. 엄마는 늘 "대단한 우리 딸이 깨쳤는데, 어미 때문에 육신이 힘이 드니 깨친 것을 모르고 있구나!" 하시면서 나에게 큰 힘을 주셨다.

늘 덕담으로 함께 하시길 원하셨다. 만고(萬古)의 효자 아들을 보시면 "난 너만 보면 행복하다"고 하시면서 늘 온화한 미소로 대해주셨던 엄마….

수행중이라는 생각을 하면서도 엄마에게 돌발상황이 생기면 지적을 하게 되면서 잔소리가 늘어가는 나에게 스스로 화가 난 적이 많았다.

또 음식 드시는 것을 좋아하셨던 엄마다. 그리고 조절이 안 되어 엄마의 뒤처리는 내 몫이었다. 그런 엄마가 예쁘게만 보이지는 않았다. 그러면서도 한편으로는 가엾고 측은했다. 나이 드셔서 끝까지 자녀를 두신 엄마는 내 또래 사람과 비교하면 할머니

였던 것이다.

지금 생각해보면 학창시절 때 학교에 오실까 걱정했던 어린 시절이 있었는데… 지금 생각해보니 고아로는 만들지 않으셨던 고마운 분이다.

친구들 중에도 부모님 일찍 여읜 친구가 있는데 난 복이 많아서인지 세상에서 딱 한분 엄마라는 소리를 오랫동안 부른 것을 보면, 분명 엄마는 선지식으로 나의 수행생활을 점검하기 위해 오신 분이다.

그래서인지 엄마 목욕도 뒤처리도 즐겁게 기도중이라는 마음으로 했다. 그러고 나면 깨끗한 모습과 향긋한 비누냄새를 통해 '오늘 기도 잘 마쳤구나. 감사합니다!' 라는 마음이 생겨, 엄마께 합장하고 인사드리면 엄마는 "고맙소. 늙은이를 가꾸어 줘서" 하셨다.

음식도 내가 한 것이 제일 맛있다고 하셨다. 그리고 칭찬은 고래도 춤추게 하듯 "딸이지만 대단하다"고 나를 살피게 하시는 힘을 가지신 엄마였다.

엄마의 "나무아미타불 관세음보살"

모든 부처님과 일체 중생의 본체는
한마음일 뿐 다른 것이 아니다.
이 마음은 시작없는 옛적부터 나고 죽는 것이 아니고,
푸르거나 누른 것도 아니며 어떤 형상이 있는 것도 아니다.
모든 이름과 말과 자취와 관계를 초월한 본체가 곧 마음이다.
〈전심법요〉

봄, 여름, 가을, 겨울, 사계절 잘 지내 주셨던 엄마가 2012년 8월에 무단히 허리가 아프다고 하시면서 거동이 불편하시어 누워만 계셨다.

그러시면서도 옆으로 누워서 〈금강경〉, 〈아미타경〉, 〈49일 여행〉, 〈무상게〉를 읽으시면서 "나무아미타불 관세음보살"을 염불하셨다.

한시도 곁을 떠나 있을 수 없이 되어 엄마의 수족이 되어 지금까지 수행해온 것을 살피는 기간이 되었다. 그런데 나름 계율 지키며 잘 살아왔고 마음 살림살이 커졌다고 생각해온 나인데, 누워만 계신 엄마의 행동에 속아버리곤 했다.

뒤를 보신 것을 기저귀를 빼놓고… 땀띠분을 엎어놓고… 방바닥에 버려진 광경 앞에 난 눈에 속고 있음을 알아차림과 동시에 "엄마!" 소리를 질러댔다. 알아차림을 갈무리했다면 부드러운 말씨로 "일 벌려놓으셨네요" 라고 해야 되었을 텐데… 알고, 알아차리고 했는데도 발성 연습하듯 잘못을 반복했다.

그래서 다짐을 해보곤 했다.

"엄마 기저귀 만지지 말아주세요."

"알았다. 미안하네."

그러시면서 돌아서는 동시에 또…

그런 중에도 엄마는 아미타불 염불은 잊지 않으셨다. 오랫동안 절에 다닌 불자보다 엄마가 받아들이는 불교는 수십 년 다니신 분들보다 지극하고 간절하셨다.

초파일 때마다 "등값이다!"하시며 주신 봉투를 보면 "모서(母書), 부처님 불쌍한 중생들 살펴주세요!" 라고 써 있었다.

"내 자식 잘되게 해주세요"가 아닌 "중생들 살펴 달라"고 하셨다. 그것만 보더라도 내 삶이 결코 헛된 것이 아니었다.

그 중생 속에는 '남이 함께 이익을 보고 마음을 깨달아 훌륭한 인격자가 되게 하소서!' 이런 표현이 담겨있었을 게다.

한 분이라도 불교와 부처님 참뜻을 아시게 했던 기회였다. 그

한 번의 기회가 헛되지 않았고 병석에서도 정신력으로 염불을 놓지 않으셨다.

오로지 "나무아미타불 관세음보살"을…

중간 중간 물으시길,

"수보리는 누구니? 부처님이 나 같은 사람 예뻐하실까? 남 속이거나 도둑질, 모함, 자식 때리지 않고 살아오긴 했는데, 다 늙고 저승 갈 때에 부처님을 찾았어도 예뻐하실까?"

어느 날은 벽에 걸린 관세음보살님 액자를 보시고는,

"저 아줌마가 옆에 와 앉아 계신다"고 하고, "저 아줌마가(관세음보살사진) 아이들(남순동자들인듯)을 데리고 왔다. 아이들이 금옷을 입고 왔네."

하시고 혼미한 상태에서 "나무아미타불 관세음보살"을 입으로 염불하시고 누워 계신 엄마! 엄마는 대단하신 정신력이셨다. 나와 함께 지내는 기간 동안 엄마는 혈압약, 치매억제약 등은 모두 끊어버렸다.

나의 삶이 자연치유 원칙을 세워 두었기에, 화학약품은 거리가 좀 먼 삶이었기에, 오시면서 약은 모두 버렸다. 그리고 수행하듯 관심과 스킨십과 음식은 정성껏 헤드렸다. 그것이 엄마에겐 딸과 함께 하는 기간 동안 행복이었을 것이다.

무상(無常)을 배운 시간들

70세 때 직장암 말기였던 엄마는 수술을 하지 않으셨다. 막내 효자 아들이 좋은 음식 자연치유꺼리를 제공하기 위해 전남 나주읍을 옆 동네 다녀오듯 오가며 지극하게 섬겼던 그때도 1년간 나와 지내셨다.

그런 걸 보면 수행하는 나에게 큰 가르침을 주셨던

엄마였다. 별책부록으로, 단어만 무상(無常)을 표현했을 뿐 무상 도리가 뭔지 비로소 엄마를 통해 알게 되었던 것이다.

종교인처럼 진리를 찾고 안심을 얻으려고 하는 과정을 살펴보게 된 엄마와의 시간 속에서 인간에게는 진실한 '참(眞)' 그것과 직접 만나고 싶다는 본래 욕구가 있음을 알았다.

'참(진리)'과 하나가 되지 않으면 항상 정신적인 결핍과 불안을 느끼는 것이 아닐까. 배가 고프면 못 견디듯이 '참'을 내 것으로 하지 않고는 견딜 수 없는 것이다. 육체적 허기와 정신적 갈구의 차이일 뿐이다. 가장 가까운 엄마! 그것이 발보리심의 근거를 두고 있음을 알았다.

구체적 발심의 동기는 약간씩 다를 수 있을 것이다.

삶이 무엇인가?

나는 누구인가?

마음이란 무엇인가?

이런 의문을 두고 참 삶을 갈구하고, 참나를 알고, 참마음을 캐고, 참을 갈망하는 욕구가 여러 형태이겠지만… 현실적인 생활에서 박차고 마음출가하지 못한다면 지금 여기서, 엄마와 동행된 시간 속에서, 참을 찾아 사람이 되어 살아가면서, 엄마와 함께한 육신, 자유의 구속이 아닌 참 자유인이 무엇인지 알 것 같다.

부처님 점안식 날 소풍 가신 엄마

보현보살이 부처님의 거룩한 공덕을 찬탄하고 나서
보살들과 선재동자에게 말했다.
"부처님의 공덕은 시방세계 부처님들이
무량겁을 두고 계속해서 말씀할지라도 다할 수 없습니다.
그러한 공덕을 이루려면 열 가지 큰 행원을 닦아야 합니다.
첫째는 부처님을 예배 공경함이요,
둘째는 부처님을 찬탄함이며,
셋째는 여러 가지로 공양함이요,
넷째는 업장을 참회함이며,
다섯째는 남의 공덕을 같이 기뻐함이다.
여섯째는 설법해 주기를 청함이며,
일곱째는 부처님이 세상에 오래 계시기를 청함이요,
여덟째는 부처님을 본받아 배움이며,
아홉째는 중생의 뜻에 수순함이요,
열째는 모두 다 회향함입니다."
〈화엄경 보현행원품〉

이제 엄마는 마감을 준비하고 계셨다. "다 되었다"는 말씀이
마음의 도를 듣고 있다. 그 전과는 다른 외침이…

"부처님께 축소해줄게."

"우리 귀여운 딸 큰 도인 되어 많은 사람에게 필요한 사람이 되
게 저승 가면 부처님께 보고해줄게." 하셨다.

33개월 함께 하는 동안, 엄마는 3개월은 누워 계시면서 "만져
주고 깨끗하게 거둬줘서 고맙다"고 이별 준비를 하셨다.

엄마에게 효자인 남동생에게 <티벳 사자의 서>를 읽게 했다. 무교인 동생은 고맙게 나의 뜻에 동의해주고 마음까지 넉넉하게 내주면서 불교에 관심을 갖기 시작했다.

나는 가장 가까운 엄마를 아미타불 친견 할 수 있게 인연 짓게 했으므로, 내가 불교인으로서 행으로 보여준 것이라 여겨 나 자신에게 찬탄해본다.

그간 이리저리 살펴보고 떠났던 인연 있는 분들, 이 절, 저 절 다니는 분들 보다 나의 엄마는 선지식으로 나를 서게 해주셨다. 지극하고 올곧게 부처님께 의지하신 분이 엄마셨다. 엄마는 결국 부처님 점안식 날짜와 같은 날 밤(음 10월 10일 밤 10시) 임종하셨다.

마지막 눈 감기 전까지도 "나무아미타불 관세음보살" 힘겹게 하셨다. 그리고 아미타불 정근 들으시면서, 조용히 예쁘게 바른 자세로 입술 꼬옥 다문 채, 두 손 배꼽 위에 가지런히 하셨다.

남동생은 "잘 키워 주셔서 고맙습니다!" 나직하게 귀에 들려주고, 난 "소풍 잘 가세요", "감사했습니다"라고 인사를 드렸다.

1시간 뒤에 경희대 병원에 연락하여 엄마를 보내드렸다. 엄마는 자식들 생각해서 하루를 집에서 그냥 보내시었다.

"고맙습니다, 엄마!"

손녀딸이 호주 유학 마치고 귀국한 날, 모두 함께 자리를 지켰다. 엄마는 증손녀까지 보고 가신 것이다. 금, 토, 일 3일장이라 학생들까지 축복하듯 모두 모여 가시는 길을 지켜보았다. 이종 사촌 오빠를 아끼신 엄마는 국문학 박사가 된 조카를 대견해하셨다. 친정 조카가 국회의원 출마 했을 때도 기도하시면서 당신 남동생 건강까지도 염려해주시던 엄마.

그래서 영전 앞에서 조시(弔詩)도 읊어드렸는데 들으셨는지요?

- 조시 -

고단한 인생길에 날이 저물어
새들도 둥지를 찾아 날아드는데
해지면 달이 뜨고 은하수 건너 꿈꾸는 나라로
파란만장 근심 걱정 다 내려놓으시고
진달래 곱게 피고
뻐꾹새 우는 동산에
고이고이 잠드소서.
영생을 누리소서.

어때요? 엄마 좋으신가요?

이종사촌 오빠의 조사

인봉오빠의 애절한 마음을 담아본다.

사랑하는 이모님~

자랑스런 이모님~

엄마 같은 이모님~

청산유수 읊으셨던 전설 같은 옛날 애기

어디 가서 들을까나

가난 세월 수십 평생, 태산 고생 하셨지만

언제나 넉넉하시고 밝으셨던

따뜻하신 이모님~

전쟁시절 손목을 기관총에 맞으셨던 일~

피를 나눈 부모형제까지도 죽어가던 그런 아픔들을

모두모두 서리서리 엮으시고

태산 같은 도정 따님 극진 정성 감사하는 마음

지고 가셔서 염라전에 고하실터~

도정님은 공부라고 하셨지만

모시느라 '참을 인(忍)'에 참을 인에

애쓴 공덕 간 데 없고

곱지 않은 눈총만을~

길지 않은 시간이라고 하겠지만

도정님과 함께 하시며 불경을 읽으시고

불경 설법을 들으시는 복된 시간들이

가장 큰 선물이고 생애 중에 가장 값지게 보내신

무엇과도 바꿀 수 없는 기쁨 되셨으리라

생각해봅니다, 이모님~

도정 따님과 함께 하셨던 값진 시간들은

영원히 그리워하시고 감사하실 것입니다.

떠나시면서 보석 같은 도정님 눈길 손짓

흘리지는 아니 했나

열 번 백 번 돌아보며 빈틈없이 갈무리하셔서

틀림없이 천당 아니 극락으로 가실 터이니

극락왕생 하실 것입니다.

저 역시 대단하신 이모님 극락왕생 하옵길

두 손 모아 빕니다.

도정님 감사합니다.

이인봉 두 손 모음

나에게는 이모님~

도정님께는 어머님~

총명하셨고 훌륭하신 어른이셨습니다.

대단하시고 자랑스런 도정님이 계시기에

더욱 왕생극락 하시겠지만 이제는 옆에 안 계시는

그 자리가 아직은 크게 남아 계신 터인지

일념기도 정성기도 이모님 전에 매일매일 올리시리라.

저 짧은 편지를 써서 갖고 있다가

병원에서 입관할 때 이모님 관에 넣어 드렸습니다.

천국에 가셔서 먼저 가신 부모, 형제, 친지 분들과

좋은 말씀 많이많이 나누시라고

울 어머님께도 잘있다고 전하시라고 부탁을 드렸지요.

그리고 가까이에서 몇 십 년을 뵈면서도

막국수 한 그릇 대접도 못한 용렬한 조카입니다.

하여 부끄럽고 부끄럽습니다.

대단히 죄송합니다, 하고…

말로만이지만 정말 죄송한 마음을 적어 봤습니다.

나도 도정님도 언젠가는 어느 곳인지는 모르지만

먼저 가신 어르신들을 만나 뵈올 수 있겠지요.

그러려면 착하게 잘 살아야겠지요.

도정님. 세월리에도 눈이 많이 내렸겠지요.

좋은 날들 별처럼 많이 만드시고 성불하세요.

이모님 모시느라 짧지 않은 날들 정말 애쓰셨습니다.

이인봉 두 손 모음

"모든 이에게 발심을 주고 가셨네요"

스님이 보내오신 글을 적어 봅니다.

결제 준비에 바쁘지만

노보살님 영전에 찾아뵙고 싶었는데…

선방에서 일념으로 천도기도 해드리겠습니다.

너무 수고하셨고, 어려운 만행이 끝났습니다.

금생에 고마움 선지식으로 다가온

어머니의 은혜를 보은하기 위하여

지금 이 순간부터 일체시비로 떠나

새로운 수행자로서 거듭 태어나길 바라옵니다.

돌아보면 지나간 세월이 너무나 빨라

우리도 곧 그곳으로 갑니다.

누가 먼저 이 무상함을 알아채서

이 공부를 할까요?

고생하셨습니다.

민경식 영가는 잘 가셨습니다.

사바세계에 당신과 인연 있는

모든 이에게 의미 있는 발심을 주고 가셨네요.

지금처럼 잘 하시리라 믿습니다.

월정사 선원에서 무엇 때문에 왔다가

무엇을 하시고 가셨는지—.

단지 우리가 머릿속에 기억하고 있는

허식이 아닌가 싶으네요.

오늘 민경식 도반도

그렇게 우리와 하나가 되었습니다.

정진여일 하시길…

불기 2556년 월정사 선원에서

정진! 정진! 정진! 여일하게…

수단이 아닌 목적으로

내가 지금 형식을 쫓는 것이 아니라… 마음 속에 번뇌 망상 원망 미움 분별로 인한 나의 견해 등이 잡초로 자리 잡고 있는 그것을 뽑아 버린다면 육도윤회에서 벗어날 수 있는 힘이 내게 생기리라.

수행(마음 챙김으로)하는 종교인답게 목적을 바라보면서…

수단이 아닌 목적으로 걸어가 본다. 저 높은 곳에 정각 이룰 날까지….

받아들임, 놓아버림, 알아차림, 내맡김 그리고 나눔, 이것이 진리라면 난 어디에도 맞출 수가 없다. 그간 스스로에겐 받아들였다고 생각했는데 미움이 싹트고, 놓아버렸다고 생각했는데 쥐고 있음을 본다. 결국 난 엄마 선지식으로 인해 아무것도 한 것이 없음을 알았기에 지금 바로 여기서 그냥 지어갈 뿐이다.

인연 있는 이들과 노후에 도반인 나무들과 수행처에서 살며 서방정토 극락세계에서 아미타부처님 친견하리라.

나의 서원이기에 늘 새롭게 발심을 내어본다.

나의 도반들이 나이 들어 서운함으로 남은 여생 보내게 하고 싶지 않다. 부처님 말씀을 좋아하고 나름 기도 수행하며 함께 한 도반들에게 재가 수행 공간에 함께 여생 보내는 것도, 그 후손들에게는 불교의 종자씨가 되는 역할이 될 것이다. 시설에 보내진 부모보다는 늘 함께 부처님 닮아 가려는 사람들이 모여 있는, 그리고 충전할 수 있는 공간이 있다는 것은 후손들에게는 든든한 버팀목이 될 수 있으리라.

불제자로써 그 원을 세워놓고 온 지도 여러 해가 되었다. 기계화 문명과 편리해진 현대인들에게 흙의 고마움, 바람의 고마움,

그리고 두루 고마움 감사가 생겨날 수 있는 그런 공간이 되기를
발원한다.

남에게 도움 주는 사람으로 살아갈께요

"여래의 보리를 얻어
아직 제도받지 못한 중생을 제도하고,
청정하지 못한 중생을 청정케 하며,
열반에 들지 못한 중생을 열반에 들게 할 것이다."
이것이 보살의 이롭게 하는 행입니다.
〈화엄경 십행품〉

남에게 견제 대상이 됨과 체면이라는 것 때문에 자유롭지 못한 요즈음. 공부인은 경계와 대상에 속으면 안되므로(내가 경계에 부딪칠 때마다 내맡김도 안됨) 오늘은 엄마 그늘이 더욱 그립다. 엄마를 롤모델로 삼았다면 어땠을까? 관세음보살상으로 살아가겠지….

싫은 대상도, 미운 대상도 없으셨던 엄마는 내게 늘 "문간 나그네 홍연대접이란다." 문 앞에 들어선 사람에게 서운함 갖게 하지 말라고 하셨던 엄마. 두런두런 말씀하셨던 엄마는 안 계신다. 그러나 늘 마음으론 함께 하고 있다.

"아버지가 성격이 급하고 기분파셨단다. 어느 날 밖에서 화나는 일로 들어오시면 이불 밖에 발이 나갔는데 발을 이불 속으로 들여놓지 못했단다. 아버지 심기 건드리기 싫어서란다."

엄마는 아버지가 어려운 대상이었던 모양이다. 요즈음 그런 아녀자는 없을 것이다. 남편 앞에서 소리가 더 커진 요즘 현실 속에서는 남편 심기 헤아려주는 아내들이 몇 있을까? 아니다 많을 것이다. 똑똑한 것과 현명한 것이 다르므로 현명하게 사셨던 우리 엄마!

엄마가 원하시고 바라시는 대로 열심히 닦고 닦아서 남에게 도움을 주는 사람으로 살아갈께요.

부처님 닮아가는 하루하루 지어갑니다

부처님의 가르침은 한 길에 의해 생사를 초월하셨습니다.
모든 부처님의 몸은 하나의 법신이고
그 마음과 지혜도 한 마음이고 한 지혜입니다.
그러나 중생이 깨달음을 얻는 방법에 따라
설법과 교화도 다른 것입니다.
〈화엄경 보살명난품〉

오늘은 밖의 볕이 유난히 따뜻하다.

도반과 다음 주에 모종 사다 심기로 했다. 엄마는 부추를 좋아하셨다. 호박, 가지 등…. 이번에도 작은 텃밭에 조금씩 심어야겠다. 청량고추와 풋고추, 호박, 방울토마토 등. 작년에는 청량고추를 삭혔는데 맛이 제법 있다.

내 움직임마다 좋아하셨던 엄마! 외출할 때 기도복 벗고 원피스 입으면 "아이~ 예쁘다 그렇게 입고 지내렴." 하셨던 엄마. 지금은 그렇게 봐주지도 보지도 않는….

엄마!

대문 옆에 홍매화꽃이 예쁘게 피었어요. 작년에 그러셨죠. 매화꽃이 우리 딸 닮아서 예쁘고 향기도 좋다고~.

진짜 올해 매화꽃이 예쁘게 많이 피었어요. 향기도 진하고. 추운 눈 속에서 견디고 핀 꽃이라 더 경이롭답니다.

엄마가 계셨다면 사진이라도 찰칵!

엄마!

어제는 마을에 계신 할머니댁에 다녀왔어요. 그 분이 엄마 모습이 생생하고 보고 싶다고 하셨어요. 나를 보면 더 생각난다고 하시면서… 그러면서 포도랑 달래랑 챙겨 주셨어요. 주변에서 나를 걱정해주시고 관심 가져주시는 것은 엄마 덕분인듯 합니다. 엄마~.

이런 마음인 줄 알았다면 엄마 인연되어 오실 때 10년 기도라고 원을 세울 것을… 아쉬움이 더 큽니다.

형제들이 권리만 있을 뿐 의무가 없는 관계로… 엄마가 바라시는 것은 우애이겠지요.

지금은 때가 아닌가 봅니다. 종교관계로 소통되는 것이 없으니… 수행하는 저로서는 본분에 충실하고 싶습니다.

엄마!

말로 전달할 수 없다면 병뚜껑처럼 꼭 닫고

소리는 내지 않도록 하겠습니다.

그리고 때를 기다리겠습니다. 어제처럼.

부처님 닮아가는 하루하루 지어가 봅니다.*^^*

2013년 6월 28일 양평 정념선원에 세워진 '만인의 어머니 탑'.

효심과 인간애가 꽃물처럼 배어들다

양평군 강상면장
조규수

나는 시골 면장이다. 경기도 양평군 강상면에서 2년째 근무하고 있다. 사무실에 앉아 있는 시간보다는 동네마다 찾아가는 시간이 훨씬 많다보니 7천 6백 여 주민 대부분과 낯이 익은 편이다. 낯이 익다보니 그분들의 삶의 윤곽도 웬만큼은 파악하고 있는데, 존경스러운 분들이 너무나 많다. 공직생활의 가장 큰 보람, 그분들의 삶에서 많은 것을 배우고 또 많은 것을 반성하는 점이다.

도정님을 뵈면 늘 사람이 어떻게 살아야 하는지를 새삼 깨닫곤 한다. 아흔 넘은 노모, 치매에 걸린 어머니를 지극정성으로 모셔왔던 때문만은 아니다. 깊고 높은 불심을 닦으셨음에도 속내를 밖으로 드러내지 않고 언제나 겸손한 태도와 소박한 삶을 살아가는 때문만도 아니다. 범상한 언행 하나하나에도 절로 귀를 기울이게 하고 크게 눈을 뜨게 만드는 힘이 깃들어 있음이다.

부모에게 효도하는 일은 당연하다. 하지만 이 시대는 당연한 일조차 드문 일이 되는 경우가 흔하다. 나 자신만 해도 함께 살고 계신 어머님 다리 주물러드린 지가 한참이고 손잡고 어디 나들이 나서본 지가 한참이다. 아이들 버르장머리 꾸짖는 일은 하루 걸러 한 번인데, 스스로의 버르장머리는 되돌아보지 못한 까닭일 터이다.

도정님의 모친께서는 93세를 일기로 영면(永眠)에 드셨다. 나는 두 모녀의 삶을 2년 여 동안 간간이 찾아뵈었다. 도정님이 모친을 섬기는 모습을 이따금 지켜보았다. 늙은 부모 모시는 주민이 여러 분 계시지만, 유독 남달라 보였던 것은 다만 나를 낳아주신 어머니, 세월이 흘러 이윽고 육신이 병든 어머니를 모시는 지극히 자연스러운 효심뿐 아니라, 나 아닌 사람을 향한 지극한 애정이었다. 인간이 인간에게 베풀 수 있는 최선의 어여쁨과 연민이 과연 어떤 것인지 가슴 뭉클하게 바라볼 수 있었다.

<나의 선지식 엄마의 사계절>은 도정님의 효심과 인간애가 꽃물처럼 배어든 책이다. 우리 모두에게 죽비와도 같은 책이다. 아파트 평수, 주식 시세, 자녀 시험점수에 넋이 빠진 우리 모두의 어깨를 호되게 내리치는 죽비와도 같은 책이다.

가족이 삶의 중심이라고 여기는 사람,

가족이 삶의 중심이 되어야 한다고 믿는 사람에게 일독을 권한다.

하여,

가족을 잇는 핵심은 효(孝)에 있음을 크게 일깨우기를 소원한다.

2013년 6월 24일

구하지 않는 삶 그 완전한 자유

윤기붕 지음 | 신국판 | 칼라 | 416쪽 | 14,000원

목마르지 않는 자는 '지금 여기'
있는 그대로 완전한 자유를 누린다

"놓아라! 구하지 마라! 있는 그대로를 수용하라!"삶 속에서 자유와 행복을 얻은 한 구도자의 체험기! 극도의 우울증으로 수없이 자살을 생각했던 저자는 치열한 고민과 구도 과정에서 그러한 생각의 허망한 속성을 깨닫고 마침내 자유를 얻어, 그 행복을 나누고자 한다.

내면의 잠재력 퍼올리는 코칭, 그 마중물의 힘
잠자는 사자를 깨워라

허달 지음 | 신국판 | 2도 | 224쪽 | 13,500원

이 책은 동서고금 일화와 필자의 실제 경험을 유머러스하게 등장시켜, 코칭의 원리와 실제를 엮어 짠 튼실한 직조물인 동시에, 빛나는 문체와 문학적 소양으로 써낸 주옥같은 수필 모음이기도 하다. 코칭이 기업경영, 조직운영뿐 아니라 일상생활에 두루 활용될 의사소통의 해결책을 찾아주는 비법이란 주장에 동의하며 일독을 권한다.
— 조정남 (주)SK텔레콤 고문, 부회장

경영자코치 허달이 푼 최종현사장학
천년 가는 기업 만들기

허달 지음 | 변형신국판 | 268쪽 | 2도 | 13,000원

SK그룹 최종현 회장의 천년 경영 비급

SKMS(SK Management System)는 SK그룹의 경영 철학이자 관리 체계이다. '최종현 사장학'이라고 할 수 있는 SKMS를 저자는 '일의 도(道)'라는 말로 표현한다. 경영 관리는 SKMS로 하되, 그 달성 수준에 있어서는 SUPEX(Super Excellent: 인간이 추구할 수 있는 최고의 수준)를 추구하는 것, 그것이 바로 지금의 SK그룹을 있게 한 원동력이다.

짧은 글에서 얻는 행복한 깨우침
힘내라, 얍!

남불 지음 | 변형 신국판 | 흑백 | 220쪽 | 11,000원

오만 가지 생각을 희망으로 이끌어 주는 짧고도 깊은 울림

BBS의 앵커 출신으로, 동기부여 강사로, 희망 전도사를 자처하는 저자는 "나에게 힘이 되는 일이라면 나는 뭐든지 할 수 있다!"고 말한다. 이 책에서 무수히 번주되는 그의 "할 수 있다."에는 깊은 울림이 있다. 삶의 아수라장을 헤치고 살아온 사람만이 가질 수 있는 진솔하고도 강인한 메시지로 독자들의 마음을 파고든다.

치과의사가 들려주는 선을 통한 인생경영

최우환 지음 | 국판 | 컬러 | 280쪽 | 14,000원

**참선·금강경 독송의 힘으로 풀어낸
더불어 행복한 성공전략!**

최우환 궁플란트치과 대표원장이 조석으로 《금강경》을 독송하고 좌선
하며, 보살행을 실천한 힘을 바탕으로 바쁜 치과의사 생활을 하며 살
아온 나름의 성공 노하우를 선(禪)적 관점에서 풀어냈다. 분주한 현대
인들의 마음에 삶의 여유와 잔잔한 행복, 참된 성공에 대한 자신감이
스며들 수 있도록 실질적인 도움이 되도록 엮었다.

있는 그대로의 세상과 나를 본다
카메라로 명상하기

임민수 지음 | 148×200mm | 컬러 | 224쪽 | 14,000원

이 책은 '카메라'를 성찰의 도구로 활용. 다른 사람의 눈으로 중계된
것이 아니라 자신의 눈으로 있는 그대로의 세상과 나를 다시 보는 방
법을 안내한다. 군더더기 없이 간결한 글과 함께 실린 명상 사진들이
독자들의 시선을 한동안 붙잡는다. 특정한 주제를 갖고 찍은 것이 아
니라 일상에서 우연히 맞닥뜨린 순간을 포착한 사진들로, 카메라를 명
상의 도구로 사용하려는 이들에게 구체적으로 어떻게 실현 가능한지
를 보여주고 있다.

김영옥의 이야기가 있는 미술치료기법
만다라 미술치료 워크북

김영옥 지음 | 210*210mm | 칼라 | 264쪽 | 14,000원

보고 그리기만 해도 치유를 일으키고 감정이 정화되는 책
드로잉회화에서 나온 만다라문양이 집중·몰입·명상으로 안내
'마음자리 그림숲 힐링센터' 김영옥 원장은 5회의 만다라 개인전과 미
술치료 임상경험을 바탕으로 '김영옥의 이야기가 있는 미술치료기법'
— 《만다라 미술치료 워크북》을 펴냈다.

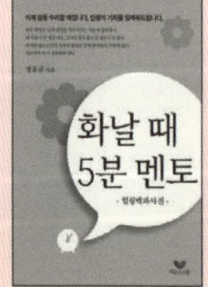

인생의 등불·삶의 지침이 되는 자기계발서
화날 때 5분 멘토 - 힐링백과사전

정윤규 지음 | 4*6판 | 흑백 | 384쪽 | 12,000원

자기계발서의 핵심주제들을 통찰·요약한 힐링백과사전!
한 권의 책으로 엮은 자기계발서라도 핵심주제는 한두 페이지로 압축
이 가능하다. 이 책은 수십 권 이상의 힐링관련 자기계발서의 핵심주
제들을 요약한 셈이다. 그렇다고 수박 겉핥기식으로 넘긴 것은 아니고
경험에서 오는 지식에 깊은 통찰의 눈으로 정리해서 독자는 새로운
느낌을 많이 발견할 수 있다. 인생의 등불로서 그리고 삶의 의미를 찾
는 지침서로서 늘 곁에 둘만하다.

인권 없는 평화는 공허하다

원불교, 인권을 말하다

정상덕 · 김기남 공저 | 신국판 | 부분칼라 | 342쪽 | 14,000원

**처처불상 사사불공處處佛像 事事佛供
우주만유는 한몸 한 기운이며 평등하다**

원불교사회개벽교무단과 원불교인권위원회를 이끌어 온 정상덕 교무
와 김기남 변호사가 오랫동안 현장에서 인권활동을 해 오며 키워온
종교와 인권의 관계성에 대한 물음에서 시작되었다. 나아가 원불교 교
리에 대한 인권적 접근을 시도하고 인권이슈에 대한 원불교적 이해와
대안을 나름대로 정리하여 제시하였다.

'그대가 본래 부처'임을 설한 최고의 불경

묘법연화경

본각선교원 편역 | 신국판 | 흑백 | 672쪽 | 26,500원

본각선교원 · 정토사 불교대학 교재로 채택!
《묘법연화경》은 《화엄경》과 함께 한국불교사상의 확립에 가장 크게
영향을 끼쳤으며, 우리나라에서 가장 많이 읽히고 사경된 경전. 예로
부터 모든 경전의 왕으로 인정받은 가장 중요한 대승경전이다. 한자
(漢字)마다 일일이 한글 음을 달고 문장마다 토(吐)를 붙이고 번역까지
해서 독송용은 물론 간경(看經) 교재로도 적합하다.

참 내 뜻으로 만나 보는 내 마음의 진실

금강경

전강문인(田岡門人) 무진 역해 | 신국판 | 2도 | 324쪽 | 33,000원

늘 그대 것인 '이뭣고?'를 허공 난간에 걸어두니…
안산 고려선원(T. 031-408-0108) 무진(無盡) 선원장이 당대의 6대 선지
식로부터 인가(認可) 받은 전강(田岡, 1898~1975) 선사의 문인(門人)으
로서 40여년 참선한 깨달음의 안목(眼目)을 바탕으로, 금강경을 핵심
적인 참뜻의 흐름으로, 또는 육조혜능 선사의 돈오선(頓悟禪)의 뜻으
로, 또는 구체적인 수행체험을 근거로 자상한 도움말을 주고 있다.

지옥이 텅 빌 때까지 성불하지 않으리

만화 지장경

정일 지음 | 188×255mm | 흑백 | 304쪽 | 12,800원

예로부터 효경으로 전해진 지장경은 부처님이 도리천에서 어머니 마
야부인을 위해 설법한 대승경전이다. 갖가지 신통력으로 아수라, 지
옥, 아귀, 육도중생을 제도하여 해탈하게 하려는 지장보살의 큰 서원
을 말씀하신 경이다. 조계종의 대표적인 선사인 정일 스님은 생전에 〈
지장경〉 독송을 통해 불심과 신심, 효심을 배양하고 이를 참선수행의
밑거름으로 삼도록 강조해 왔다.

일산 법상스님의 대비주 수행 예화편
내 생에 단 한번 뿐인, 오늘
일신법상 지음 | 46판 | 올칼라 | 200쪽 | 10,000원

"대비주를 수행하면 참나가 모습을 드러낸다"
대비주 전문 수행도량 일산 덕양선원장 법상스님이 다양한 연령층의 신도들에게 대비주를 가르치고 상담하면서 실제 경험한 수행일화를 기록하고, 이를 불교적으로 해설해 깨달음의 길로 나아가도록 이끄는 책. '광명의 깃발이자 신통의 보물창고[受持身是光明幢 受持心是神通藏]'로 불리우는 대비주를 통한 집중수행이 참된 행복을 불러오도록 일깨운다.

신묘장구대다라니경 강설
다라니 수행
일신법상 지음 | 신국판 | 컬러 | 344쪽 | 15,000원

첫 진언수행 지침서이자 '긍정의 힘' 사용설명서
〈신묘장구대다라니경〉을 해설하고 구체적인 수행법과 수행효과 등을 체험적으로 기록했다. 천수대비주 수행중에 '아공(我空)'을 체험한 덕양선원(cafe.daum.net/zeol) 선원장 일산(一山) 법상스님은 "대비주 수행으로 창조력, 삼매력, 자비심, 용맹심이 확연히 드러나기 때문에 본성의 무한한 잠재능력을 일깨울 수 있다"고 강조한다.

수지심시신통장·受持心是神通藏
다라니의 힘
일신법상 지음 | 신국판 | 부분컬러 | 448쪽 | 15,000원

법상스님 수행일기·법문 담은 '마음의 힘' 사용설명서
덕양선원장 일산(一山) 법상스님이 당신의 수행일기와 법문을 통해 자성(自性)을 깨닫는 다라니수행의 길을 체험적으로 안내한다. 특히 '광명의 깃발이자 신통의 보물창고'로 불리우는 대비주를 통한 집중수행으로 불성의 무한능력을 일깨우는 불교적인 자기계발서이자 다라니 수행 안내서가 되도록 편집했다.

성현과 범부가 함께 닦는 원통(圓通)의 묘법
염불수행대전
주세규 회집 | 46배판 | 808쪽 | 38,000원

이 책은 '염불'에 관한 부처님과 보살님, 역대 고승, 거사님들의 말씀들을 모아서 해설하거나 주석(註釋)을 단, 무려 808쪽에 달하는 이른바 '벽돌책'이다. 방대한 주석에는 살며 사랑하고, 염불하며 깨달아가는 구도자들의 생활 속의 수행지침과 감동적인 예화, 역사적인 영험록이 가득하다.

인권 없는 평화는 공허하다

원불교, 인권을 말하다

정상덕 · 김기남 공저 | 신국판 | 부분칼라 | 342쪽 | 14,000원

처처불상 사사불공處處佛像 事事佛供
우주만유는 한몸 한 기운이며 평등하다

원불교사회개벽교무단과 원불교인권위원회를 이끌어 온 정상덕 교무와 김기남 변호사가 오랫동안 현장에서 인권활동을 해 오며 키워온 종교와 인권의 관계성에 대한 물음에서 시작되었다. 나아가 원불교 교리에 대한 인권적 접근을 시도하고 인권이슈에 대한 원불교적 이해와 대안을 나름대로 정리하여 제시하였다.

'그대가 본래 부처'임을 설한 최고의 불경

묘법연화경

본각선교원 편역 | 신국판 | 흑백 | 672쪽 | 26,500원

본각선교원 · 정토사 불교대학 교재로 채택!

《묘법연화경》은 《화엄경》과 함께 한국불교사상의 확립에 가장 크게 영향을 끼쳤으며, 우리나라에서 가장 많이 읽히고 사경된 경전. 예로부터 모든 경전의 왕으로 인정받은 가장 중요한 대승경전이다. 한자(漢字)마다 일일이 한글 음을 달고 문장마다 토(吐)를 붙이고 번역까지 해서 독송용은 물론 간경(看經) 교재로도 적합하다.

참 내 뜻으로 만나 보는 내 마음의 진실

금강경

전강문인(田岡門人) 무진 역해 | 신국판 | 2도 | 324쪽 | 33,000원

늘 그대 것인 '이뭣고?'를 허공 난간에 걸어두니…

안산 고려선원(T. 031-408-0108) 무진(無盡) 선원장이 당대의 6대 선지식으로부터 인가(認可) 받은 전강(田岡, 1898~1975) 선사의 문인(門人)으로서 40여년 참선한 깨달음의 안목(眼目)을 바탕으로, 금강경을 핵심적인 참뜻의 흐름으로, 또는 육조혜능 선사의 돈오선(頓悟禪)의 뜻으로, 또는 구체적인 수행체험을 근거로 자상한 도움말을 주고 있다.

지옥이 텅 빌 때까지 성불하지 않으리

만화 지장경

정일 지음 | 188×255mm | 흑백 | 304쪽 | 12,800원

예로부터 효경으로 전해진 지장경은 부처님이 도리천에서 어머니 마야부인을 위해 설법한 대승경전이다. 갖가지 신통력으로 아수라, 지옥, 아귀, 육도중생을 제도하여 해탈하게 하려는 지장보살의 큰 서원을 말씀하신 경이다. 조계종의 대표적인 선사인 정일 스님은 생전에 《지장경》 독송을 통해 불심과 신심, 효심을 배양하고 이를 참선수행의 밑거름으로 삼도록 강조해 왔다.

일산 법상스님의 대비주 수행 예화편

내 생에 단 한번 뿐인, 오늘

일신법상 지음 | 46판 | 올칼라 | 200쪽 | 10,000원

"대비주를 수행하면 참나가 모습을 드러낸다"

대비주 전문 수행도량 일산 덕양선원장 법상스님이 다양한 연령층의 신도들에게 대비주를 가르치고 상담하면서 실제 경험한 수행일화를 기록하고, 이를 불교적으로 해설해 깨달음의 길로 나아가도록 이끄는 책. '광명의 깃발이자 신통의 보물창고[受持身是光明幢 受持心是神通藏]'로 불리우는 대비주를 통한 집중수행이 참된 행복을 불러오도록 일깨운다.

신묘장구대다라니경 강설

다라니 수행

일산법상 지음 | 신국판 | 컬러 | 344쪽 | 15,000원

첫 진언수행 지침서이자 '긍정의 힘' 사용설명서

〈신묘장구대다라니경〉을 해설하고 구체적인 수행법과 수행효과 등을 체험적으로 기록했다. 천수대비주 수행중에 '아공(我空)'을 체험한 덕양선원(cafe.daum.net/zeol) 선원장 일산(一山) 법상스님은 "대비주 수행으로 창조력, 삼매력, 자비심, 용맹심이 확연히 드러나기 때문에 본성의 무한한 잠재능력을 일깨울 수 있다"고 강조한다.

수지심시신통장受持心是神通藏

다라니의 힘

일산법상 지음 | 신국판 | 부분컬러 | 448쪽 | 15,000원

법상스님 수행일기 · 법문 담은 '마음의 힘' 사용설명서

덕양선원장 일산(一山) 법상스님이 당신의 수행일기와 법문을 통해 자성(自性)을 깨닫는 다라니수행의 길을 체험적으로 안내한다. 특히 '광명의 깃발이자 신통의 보물창고'로 불리우는 대비주를 통한 집중수행으로 불성의 무한능력을 일깨우는 불교적인 자기계발서이자 다라니 수행 안내서가 되도록 편집했다.

성현과 범부가 함께 닦는 원통[圓通]의 묘법

염불수행대전

주세규 회집 | 46배판 | 808쪽 | 38,000원

이 책은 '염불'에 관한 부처님과 보살님, 역대 고승, 거사님들의 말씀들을 모아서 해설하거나 주석(註釋)을 단, 무려 808쪽에 달하는 이른바 '벽돌책'이다. 방대한 주석에는 살며 사랑하고, 염불하며 깨달아가는 구도자들의 생활 속의 수행지침과 감동적인 예화, 역사적인 영험록이 가득하다.

염불선으로 푼 달마어록
달마는 서쪽에서 오지 않았다
덕산 역해 | 신국판 | 304쪽 | 13,000원

"덕산 화상이 실참을 통해 도달한 안목으로 연구에 구애받지 않고 종횡자재로 펼치는 자비법문은 천하 사람의 코를 꿰는 솜씨를 유감없이 보여주고 있다. 모든 참선학도는 덕산 화상이 고구정녕하게 일러주는 낙초지담(落草之談: 사바세계라는 풀밭에서 중생을 위해 자비로운 방편법문을 설함)을 듣고 조사관을 투득하는 금린(金鱗: 황금 잉어, 깨달은 자)이 되기를 바라노라." ―조계종 원로회의 의장 종산(宗山) 스님

수행성취의 열 가지 조건, 십바라밀
행복에 이르는 열 가지 습관
Sujin Borihamwanaket/정명 역 | 368쪽 | 13,800원

괴로움이 소멸된 상태인 닙바나(열반)를 증득하려면 필요조건을 갖춰야 한다. 이 조건이 바로 십바라밀이다. 수행의 성취는 열심히만 한다고 되는 것이 아니라 바른 조건을 만나야만 이뤄진다. 그래서 구도자는 그 조건이 무엇이고 나의 수준은 어느 정도인지를 안 다음에 하나하나 이 조건들을 충족시켜 나가야 한다. 태국의 명상수행가인 Sujin Borihamwanaket는 니까야 가운데 소부(小部)의 소송(小誦) 및 불소행장(佛所行藏)과 그 주석서를 근간으로 붓다의 수행법을 제시한다.

한국의 벽암록 '직지' 상권 선문답 해설
자유인의 길 직지심경
덕산 역해 | 신국판 | 흑백 | 320쪽 | 14,000원

《직지심경(直指心經)》은 고려시대의 고승 백운경한(白雲景閑, 1299~1374) 선사가 펴낸 공안(公案: 화두) 위주의 선문답 모음집으로 깨달음에 대한 선(禪)의 지침서다. 백운 선사가 편집한 《선문염송》《치문경훈》의 내용과 과거 7불(佛)의 게송, 석가모니 부처님으로부터 법을 받으신 인도의 가섭존자로부터 28조 달마 스님까지의 게송이 들어있고, 중국 110분 선사들의 선의 요체 등 여러 고승들의 법거량과 선문답, 일화가 들어있다. 청원 혜은사 주지 덕산 스님이 염불선의 깨달음 체험을 바탕으로 〈직지〉 상권을 알기 쉽게 풀이했다.

한국의 벽암록 '직지' 하권 선문답 해설
영원한 행복의 길 직지심경
덕산 역해 | 신국판 | 흑백 | 496쪽 | 19,500원

《직지》 하권에 등장하는 중국의 조사 90여 분의 깨달음의 노래와 선문답을 모아 해설한 책. 특히 그동안 금기시 되어왔던 선문답에 대한 해설을 통해 깨달음이 결코 먼 곳의 이야기가 아님을 실감토록 해, 참다운 발심으로 실참 수행의 길을 안내하는 길잡이 역할을 하고 있다.